Grandi Bestsellers

Dello stesso autore

nella collezione Scrittori italiani e stranieri

Ti trovo un po' pallida

Di Carlo Fruttero e Franco Lucentini

nella collezione Oscar

A che punto è la notte
L'amante senza fissa dimora
Il cretino in sintesi
La donna della domenica
Enigma in luogo di mare
Il nuovo libro dei nomi di battesimo
Il palio delle contrade morte

CARLO FRUTTERO

DONNE
INFORMATE SUI FATTI

OSCAR MONDADORI

I edizione Scrittori italiani e stranieri settembre 2006
I edizione Grandi Bestsellers giugno 2008

ISBN 978-88-04-57206-0

Questo volume è stato stampato
presso Mondadori Printing S.p.A.
Stabilimento NSM - Cles (TN)
Stampato in Italia. Printed in Italy

Donne informate sui fatti

A Maria Carla e Federica
indispensabili figlie

La bidella

Sì, praticamente sono stata io a trovare il corpo della donna nel fosso e a chiamare i carabinieri col cellulare senza pensarci due volte. Che fai, te ne torni a casa bella tranquilla, ti fai un caffè e non ci pensi più, non hai visto niente, non sono affari tuoi, la puttana la troverà qualcun altro?

Non è la mia mentalità, a parte che in quanto bidella sono gentilmente richiesta di tenere gli occhi sempre bene aperti a 360 gradi. Cesare, mio marito, non è proprio che mi abbia gridata, ma è uno che dice sempre, e l'ha detto anche stavolta, che da certe cose è meglio stare comunque alla larga, che quello è tutto un mondo pericoloso, droga, schiave del sesso, gargagnani, clandestini di tutte le razze, a metterci il dito non sai mai come va a finire. Un minimo di prudenza, di buonsenso, dice lui. Un massimo di fifa, dico io, perché Cesare è un fifone, un vigliaccone, l'ho toccato con mano le mille volte. Del resto tutti gli uomini sono grosso modo così, niente grane, per la carità, niente complicazioni. È per questo che vanno con le puttane: un momento di dolce intimità in macchina, paghi il dovuto e chi s'è visto s'è visto, anche se poi salta fuori che si sono beccati il virus.

Non so se Cesare ci va anche lui, nella dolce intimità, spero di no, preferisco neanche saperlo! Ma quella era a colpo sicuro una puttana, non c'era da sbagliare. Morta? Morta a colpo sicuro. Non che io l'abbia toccata, che anzi mi faceva senso, se devo dire. Ma non era addormentata o svenuta, bastava guardarla. Un sacco buttato lì, questo sembrava. E minigonna di finto coccodrillo rossa, calze a rete nere, un top nero tirato su fino alle ascelle, un sandalone alto mezzo metro e l'altro scivolato via chissà dove. Insomma, in divisa. Niente sangue, per fortuna. Era sdraiata su un fianco, la faccia non si distingueva bene tra i capelli e l'erba del fosso. Lunga, sul magro ma un magro giusto, non secca voglio dire. Giovane, avrei pensato, ma con queste qui non si capisce mai se hanno diciassette anni o trentacinque.

Come mi aveva detto il carabiniere al telefono io non mi sono mossa. Era domenica mattina, fine maggio, cielo quasi sereno, aria tiepida. Ho guardato l'ora, poteva sempre servire ai carabinieri: le 10.42. Ero arrivata lì in motorino da un quarto d'ora al massimo, su uno dei sentieri che corrono in mezzo ai prati rimasti prati, tra Beinasco e Rivalta dopo l'ospedale San Luigi. C'erano in vista altre tre persone, ma lontane, due donne e un uomo, che già stavano facendo nel prato quello che ero venuta a fare io, cioè raccogliere una verdurina selvatica che noi chiamiamo i girasoli, che non sono i veri girasoli, ma dei ciuffetti rasoterra, bianchi e verdi, da mangiare in insalata con le uova sode. Roba da poco, ma Cesare ci fa tutta una festa di stagione, li vuole tutte le primavere. Per di più adesso è diventata una specie di primizia ecologica, pochi banchi al mercato la tengono e te la fanno pagare un casino.

Da come gli avevo spiegato la località i carabinieri hanno capito al volo e dopo dieci minuti scarsi sono arrivati, ho visto la macchina scura con la striscia rossa infilare non però il mio sentiero ma un altro laggiù, su un lato del rettangolo, dove c'è anche un piccolo pioppeto. Quei tre che raccoglievano i girasoli si sono raddrizzati a guardare e io intanto facevo dei gran gesti con le braccia alzate, qui, santodio, qui!

E uno che era sceso dall'auto mi ha notata e io gli ho fatto segno di andare avanti fin quasi al pioppeto, e poi lì c'era il mio sentiero che tagliava il prato a metà, col fosso e il cadavere come da mia comunicazione. Quelli sono andati piano piano fino al bivio, diciamo, e lì hanno lasciato l'auto e sono venuti verso di me a piedi, camminando in fila sull'erba che cresce in mezzo al sentiero. Guardavano in terra, per controllare e non rovinare le tracce di pneumatici, se c'erano. C'erano le mie, di tracce, e quelle lasciate dalla ragazza del coniglio, anche lei venuta in motorino. Con me, gentili, ma poche parole. Uno solo è sceso nel fosso attento a dove metteva i piedi e ha toccato la gola della donna distesa. Morta era morta. Allora hanno chiamato altri loro colleghi a Torino e intanto che aspettavano mi hanno fatto un po' di domande. Se puta caso conoscevo la morta, perché mi trovavo lì, da quanto tempo eccetera.

Quando una ha deciso di dire la verità tanto vale dirla tutta fino in fondo, è questo che non vuol capire Cesare. E così io ho raccontato che mentre ero già in mezzo al prato e iniziavo a raccogliere ho visto arrivare in motorino la ragazza del bar, che è scesa e ha iniziato col falcetto a tagliare l'erba del fosso per il suo coniglio. Qualche metro e poi si è fermata di brutto, si è rialzata, ha dato ancora un'occhiata nel fosso e poi è tornata al motorino, salta su e via velocissima. Io ero a trenta o quaranta metri e non potevo certo vedere l'espressione; ma ho capito che nel fosso doveva esserci qualcosa di niente bello. E in effetti.

Ma cosa te ne fregava di andare a ficcare il tuo naso in quel fosso, dice Cesare, che bisogno c'era di tirare dentro la Mara, una ragazza intelligente, che non c'entrava niente neanche lei e che giustamente se l'è filata? Spiegami cosa ci hai guadagnato, scusa? Incazzato viola, perché quando è tornato dal suo solito giro in bici con gli amici della domenica mattina (dice lui) ha trovato la casa vuota e niente girasoli, s'è dovuto arrangiare con degli avanzi, il campione, dato che nel frigo c'erano solo polpettine, spinaci, acciughe, formaggi vari. Più il salame appeso nell'armadietto. Roba da terzo mondo.

Poco dopo sono arrivate altre macchine e un'ambulanza. Quei tre che raccoglievano i girasoli sono venuti di corsa a curiosare ma li hanno tenuti lontani con belle maniere, prego, non c'è niente da vedere eccetera. E intanto recintavano il posto con quelle strisce bianche e rosse. Sono stati lì un bel po', in divisa e in borghese (c'erano anche due donne), e alla fine, mentre portavano via il cadavere, mi hanno chiesto se gentilmente potevo seguirli in caserma, che al motorino ci pensavano loro. E lì poi mi hanno tenuta fino alle tre passate del pomeriggio a ripetere sempre la stessa storia, caso mai mi venisse in mente qualche altro particolare (ma anche, non sono nata ieri, per vedere se cadevo in contraddizione). La televisione non si è vista ma alla sera, in un telegiornale locale, c'era un servizio con intervista non a me, a miss Coniglio, la bella Mara, barista al bar Ciro, chiuso la domenica. Lei e il suo coniglio nero.

La barista

Bisogna capirla, bisogna saperla perdonare, mio dolce Nerino, quella rotta in culo di bidella, l'egregia signora Covino. Poteva starsene zitta, farsi gli affari suoi, ma figurati se la spiona perde l'occasione di fare una spiata, soprattutto contro di me per il semplice fatto che suo marito viene sovente al bar e scherza volentieri, fa un po' lo scemo, fa le battutine sulle mie cosiddette curve, che magari ne avessi un po' di più. Gelosa alla grande, e poi per niente, per meno di niente, perché Cesare è un brav'uomo ma non ce lo vorrei nemmeno sulla classica isola deserta, una mezza sega di pensionato over sessanta almeno, pelato, con le gambe storte, che una volta l'ho visto uscire zitto zitto da un cinemetto porno all'altro capo di Torino.

E così ci hai patito tu, povero Nerino, te ne sei rimasto delle ore senza la tua padrona, vieni qui che ti coccolo, amore, e ti spiego un po'. Lo so che il fieno è la dieta giusta ma un bel mucchietto di erba fresca una volta all'anno ti fa impazzire e non può farti male, non ti fa gonfiare il pancino, coniglietto mio. E per questo sono andata in quel prato della madonna, ho visto il corpo e sono corsa via senza dir niente a nessuno.

Rinvenimento, lo chiamano i carabinieri. Lo dovevo segnalare, li dovevo chiamare, come ha poi fatto l'egregia signora bidella dell'Istituto Tecnico G. Delessert. Omissione. Ma omissione di cosa, se non l'avevo investita io, non l'avevo mai vista né conosciuta.

Mi mettevano le foto, solo la faccia, sotto il naso, una bella ragazza anche se piuttosto sbiancata, piuttosto livida, poveretta, perché è un fatto che l'obitorio non dona.

Non frequentava il suo bar? Nossignore, mai venuta. E che ci faceva lei sul prato? Prendevo un po' d'erba per il mio coniglietto, il mio Nerino. E così venti volte di seguito, prima uno e poi l'altro, bam bam bam, come se ero un saccone da pugilato: non li convincevo, non mi credevano, e io, tirata così per il collo in quella storia pazzesca, me ne stavo lì sulla sedia a tremare.

E perché è scappata via? Ma scusa, Nerino, tu ti saresti fermato? Un cadavere, una morta di overdose o magari ammazzata per vendetta da chissà chi? E va bene, i morti mi fanno impressione, ho avuto paura, che male c'è, ho preso e sono filata. Non ho nemmeno pensato di avvertirvi, tanto prima o poi qualcuno il rinvenimento lo faceva, no? Altro è vederle in un telefilm, queste vittime del racket, altro è trovartele tra i piedi, che quasi ci andavo a inciampare. E non l'avevo mai vista prima? E no che non l'avevo mai vista!

Ma intanto tremavo, lì sulla sedia. Non per me, ma per lui, per Chris, il mio ragazzo, che è un bravissimo ragazzo ma ha avuto come si dice dei piccoli precedenti anni fa, cose morte e sepolte. Ma non per quelli lì in caserma, con tutti i loro computer. Ce n'era uno in divisa col cartellino di riconoscimento che mi ballava davanti agli occhi (Pocopane Attilio, un bel tipo biondo, ricciuto) e una donna in borghese, col suo cartellino anche lei (Margherita qualcosa), e già erano riusciti a mettermi dalla parte del torto per via dell'omissione. (Ripeto: di cosa, che tanto era morta?) (E non la conoscevo? Ripeto: non la conoscevo assolutamente.) (Nemmeno di vista? Ripeto: nemmeno da lontano.)

Facevano i comprensivi, i pazienti: sa, noi dobbiamo cercare tutte le possibili connessioni, indaghiamo a 360 gradi. E proprio quella parola lì, connessioni, mi ha messo i brividi. Perché se mi chiedevano del fidanzato io personalmente potevo star zitta, negare anche dodici fidanzati, dire che ieri sera eravamo assieme, un alibi grosso così (anche se non è vero). Ma lo shock che ti stronca è capire che lì, sulla sedia davanti a loro, non sai loro quante cose sanno già, se hanno già iniziato a connettere con questo e con quello, il lavoro, le amicizie, con chi esci, i fidanzati presenti e passati.

E ieri sera dove eravamo? A che ora? La spiona dell'Istituto Delessert poteva avermi visto qualche volta con Christian e poteva andarglielo a raccontare, così, tanto per fare il suo dovere di cittadina, in realtà per gelosia e invidia nera, la sfasciata bidella, dato che Chris è anche un bel ragazzo e non ha certo bisogno di andare nei cinemetti porno.

Ma poi alla fine non mi hanno chiesto più niente, mio dolce Nerino, e così ho tirato un bel respirone dall'ombelico in su e gli ho chiesto io a loro chi era la morta. Non lo sapevano, la donna non aveva documenti. E di cosa era morta? Non lo sapevano ancora, dovevano aspettare l'autopsia. Ma il carabiniere ricciuto mentre mi accompagnava per un corridoio mi ha detto in maniera di contentino: «sospetto strangolamento», ma era meglio se tenevo la cosa riservata.

Figurati io, coniglietto mio.

Come mi avevano prelevato da casa, così il biondino mi ci ha riportato, e lì sotto c'erano tre di una tv locale che aspettavano proprio me. Li ho fatti salire perché avevo fretta di rivederti, bestiolina cara, e gli ho detto quel niente che sapevo sul famoso rinvenimento, un minuto, due a dir tanto. Ma loro sapevano già benissimo dello strangolamento e mi hanno perfino chiesto se la donna aveva la lingua fuori, là nel fosso. Viva la riservatezza.

E poi ti ho coccolato mentre intanto piangevo e piangevo, lacrime a 360 gradi, normale reazione nervosa, dopo una giornata così. E alla fine ho chiamato i miei a Condove e poi ho chiamato anche Chris, che aveva ancora il cellulare staccato ed era in giro da qualche parte. Dove, mio dolce orecchione? Con chi?

La carabiniera

Le due donne, da donna a donna, devo dire che non mi sono piaciute, né la bidella né la barista col suo coniglio. Ma quando una ha un capo ostile e comunque sfottente è meglio se le sue impressioni se le tiene strette. Già la coincidenza era strana. Va bene, abitano tutte e due nel quartiere di Mirafiori, a due passi dalla Fiat. Ma tutte e due che guarda caso alla stessa ora di una domenica mattina prendono il motorino e vanno guarda caso nello stesso posto a raccogliere un po' d'erba? E una che trova il cadavere e taglia subito la corda, e l'altra che la vede scappare e va a fare un controllo e poi ci chiama? Secondo me si odiano, detto in due parole. Ma perché? Cosa c'è sotto? Sarebbe tutto da approfondire se il capo non fosse quello che è. Prendere informazioni sui loro uomini, tanto per cominciare.

La bidella ha un marito, un pensionato che fa dei lavoretti qua e là e va in giro in bicicletta, scampagnate con gli amici eccetera. Ma lei ce l'ha su, col suo Cesare, è chiaro come il sole. E ci vorrebbe niente a convocarlo un momento qui da noi in caserma, vedere che tipo è, chi frequenta, farsi un'idea della personalità, un quadro generale. E quanto a miss Coniglio (è così che la chiama la bidella), è single, domiciliata in un monolocale con ampio terrazzo in via Terzi, sono andata io a prelevarla. Tutto pulito e in ordine, a parte quel coniglio nero che gira per casa.

Ma non era più semplice non dico un cane, ma un gatto? I conigli sono buoni per farsi cucinare, arrosto o in umido, no? Lei si è tutta offesa e ha preso in braccio la sua bestiolina, guai a toccargliela, la sola idea di vederla finire in padella le faceva venire i brividi, una bestemmia. Un regalo dei genitori, che abitano a Condove. Anche qui, si potrebbe andare a dargli un'occhiatina a questi genitori. Ma soprattutto lei, la ragazza, sarebbe da approfondire. Come mai è single? È una bella ragazza, possibile che non abbia almeno un fidanzato? O diversi fidanzati? Fa la barista e quello è un mestiere dove tutti dal primo all'ultimo ci provano, con la barista, se c'è. Anche lì, già che l'avevamo in caserma, potevamo farle qualche domandina in più, riguardo ad amici, conoscenti, frequentazioni, passatempi.

Ma nemmeno ho potuto cominciare, il capo ha deciso che quella non era una priorità, la priorità-priorità adesso era l'identificazione della vittima, e potevo anche dargli momentaneamente ragione. Ma lui, lo stronzo maligno, ha fatto la solita battutina sulle mie indagini a tappeto, e cioè che io, per tutti quelli che passano di qui, fosse magari a denunciare lo smarrimento della patente, pretenderei i tre giorni di fermo, perquisizioni a casa loro, il controllo di tutte le loro abitudini, parentele, telefonate, cosa mangiano, dove andavano a scuola, quando hanno scopato per la prima volta eccetera. Una vita. Tutta la vita, nei minimi particolari. E giù a ridere del mio cosiddetto eccesso di zelo, e poi la lezioncina: ti devi rassegnare, Rita, non puoi sapere tutto di tutti, la gente ha i suoi segreti, bisogna lasciar stare altrimenti si perde solo tempo a sospettare anche del cane, anche del coniglio.

Comunque l'identificazione è venuta presto e senza dover fare il giro dei soliti ambienti con la foto in mano. Impronte digitali trasmesse alla banca dati e già nel primo pomeriggio, benché di domenica, avevamo gli estremi: Milena Martabazu, anni ventidue, arrivata clandestina in Italia dalla Romania quattro anni fa. E poi il solito curriculum.

Ai giornalisti per ora non abbiamo detto niente, che tanto sono ancora più contenti di fare i loro titoli sul misterioso delitto e l'enigma della strangolata nel fosso. Strangolata sì, ma anche con il chiaro segno di una puntura sull'avambraccio. Si drogava? L'hanno drogata? Bisognerà aspettare l'autopsia ma intanto ci sono già parecchie cosette strane in questo banale delitto di malavita.

La figlia

«Sì, sì, la figlia, la figlia, sono la figlia, cos'è... non sono... no, sono fuori Torino, in campagna, non... sento bene, qui è disturbato, prende e non prende... ma cosa è successo a mio... santo cielo cosa gli è successo... no, non è qui, è in Sardegna per... ma lei da dove chiama, dalla Sardegna, l'ha visto, gli è successo... scusi ma vuole ripetere, non capisco, cos'ha detto, non sento, non sento... chiama da Torino, ah, ma mio padre... cosa gli è successo per carità... niente, a lui niente, ah, ma gli avete parlato, sta bene... irreperibile, come sarebbe irreperibile... non risponde, be', lo credo, ha il cellulare spento, per forza, a quest'ora sta giocando, è in Sardegna per un torneo e sul campo... nemmeno io ci posso parlare, capisce, senta scusi, ma perché lo volete contattare, cosa è successo... non ho sentito, qui è sempre disturbato, va e viene... senta, mi dia il suo numero, la richiamo io da un telefono fisso... sì è molto meglio, ecco, facciamo così, mi dica... il 112 e poi mi faccio passare... come, scusi, sì, l'interno 3624, tre sei due quattro, il capitano... come ha detto... il capitano Jodice, J-o-d-i-c-e, è chiaro, ora corro di là e la chiamo io...»

Ma ho dovuto sedermi di brutto altro che correre di là. Gambe annientate. Papà e il suo maledetto golf. Infarto alla buca 7, un classico. Casimiro mi teneva d'occhio, è arrivato.

«Sei stravolta, cos'è capitato?»

«I carabinieri.»

«Ti hanno chiamato i carabinieri?» anche lui ha pensato subito a papà «Da Is Molas?»

«No, da Torino.»

«Papà?»

«No, sta bene, è irreperibile ma sta bene, immagino. Non è per lui che hanno chiamato.»

«Be', allora cosa? Ti hanno svaligiato la casa? Mica i bambini...?»

Sono divorziata. Ho due bambini di sette e cinque anni che questo week-end toccano al padre.

«No, no, i bambini non c'entrano, per carità. Non so, non ho capito cosa mi diceva quel capitano, era molto disturbato, ora li richiamo io e mi faccio spiegare... interno tre sei due quattro, tre sei due quattro... andiamo dentro.»

«Aspetta che ti porto un bicchier d'acqua. Tu non muoverti.»

L'ho guardato partire premuroso, deciso, elegante. Che differenza c'era, ho pensato fiaccamente, col mio ex marito? Nessuna. Anche lui (più) elegante (anche più bello), deciso, premuroso, mi aveva portato infinite volte un bicchiere d'acqua (o di champagne) mentre me ne stavo seduta in una casa o un giardino. Nessuna differenza. A tutti e due piacevano perfino gli stessi film, di genere, se oso dire, puerile.

Eppure era tutto completamente diverso, non so spiegarmi perché. Sfumature inafferrabili, qualcosa negli occhi, forse, o nel sorriso. L'altro eseguiva il gesto come un dovere mondano mentre questo lo trasforma in un omaggio personalissimo, proprio a te? O sono io che ci voglio vedere a tutti i costi un qualche perché, una spiegazione obiettiva a un'emozione che obiettiva non è, non potrà mai essere?

Fumo, fumi bianchi e grigi come quelli che si alzano e disperdono laggiù, oltre le vetrate semicilindriche della serra, dove il catering ha piazzato i lunghi tavoli della grigliata. Una trentina di ospiti che ancora piluccano, bevono, chiacchierano a gruppi sparsi, guardano il mare di colline distese ai piedi del castello. Meli, mandorli, ciliegi in fiore, una vista che papà adora. Avrebbe potuto, anzi dovuto, esserci anche lui, ma ha la testa più dura di questa panca di pietra, a quel torneo s'era iscritto da mesi, il primo bel torneo dell'anno, guai a rinunciare, c'è voluto andare a tutti i costi con quei suoi compagnoni fissati come lui, sto benissimo, sono in gran forma, guarda che swing... È vero che a sentire quel capitano non gli è successo niente, è lì a cellulare spento che sta sparando i suoi colpi da duecento metri tutto felice e contento. Ma allora?

Casimiro è tornato, un bel bicchierone pronto. Ma dietro di lui veniva Beatrice, un'intera bottiglia di minerale in pugno. Pratica, come sempre; e sempre un po' esagerata, come quando assisteva la povera mamma. Efficientissima, con qualcosa, come dire, di inflessibile, di quietamente indomabile, ecco. La migliore amica della mamma fino alla fine; e poi di papà, e anche mia, per quanto al principio abbia cercato di convincermi che del divorzio potevo fare a meno, ma lascia perdere, gli uomini sono tutti uguali alla lunga eccetera. Cinica? Rassegnata, direi piuttosto, povera Beatrice, senza però mai abbassare la testa. Ma il dolore. Il dolore lo capisce, l'ha sempre capito.

La migliore amica

Sarò banale, ma per me il più bel mese dell'anno è maggio, e ho lasciato questo morbido paesaggio di colline con vero dispiacere. I fiori, certo. I lillà, quel folto boschetto misto di lillà e noccioli su un fianco del castello, sotto la torre piccola. E naturalmente le rose, i tulipani, le ortensie, l'incredibile massa gialla della bauxia che copre il pergolato. Tutti fuori, tutti dolcemente festosi, armoniosi.

Ma è l'infinita tenerezza dei verdi a incantarmi soprattutto. Verdi che confrontano a perdita d'occhio le loro gradazioni, verdi ancora timidi, verdi bambini (li chiamo io), verdi già pienamente affermati, verdi aggressivi, verdi non disdegnosi di pallori quasi bianchi, di tremule associazioni col grigio, col rosso, col celeste. Sì, una volta, secoli fa, dipingevo, un po' sul serio un po' così, da dilettante. Ma forse è stata proprio la vertiginosa varietà dei verdi nel mese di maggio a farmi metter via colori, pennelli, acquaragia, tutto. Umiliazione, orgoglio.

Siamo entrati con Camilla e Casimiro da una porticina quasi invisibile sotto una chioma di rampicanti, e poi di lì fino al telefono fisso, nel salottino bandera, e Camilla ha chiamato il capitano.

Milena. Morta ammazzata in un fosso vicino a Mirafiori. Per il riconoscimento era pregata di venire a

Torino, potevano mandare una macchina a prenderla.

Camilla è scoppiata in singhiozzi, papà, papà, povero papà. Ma chi, come, perché? E poi subito, tra i singulti, io lo sapevo, io l'avevo detto, io me l'aspettavo che un giorno o l'altro... Mi sono fatta passare il telefono, ho detto al capitano che Camilla l'avrei accompagnata a Torino io, un'ora, anche meno, e saremmo arrivate.

Dove? Be', qui in caserma, è la cosa più semplice, e poi l'accompagniamo noi all'obitorio. Va bene, d'accordo, partiamo immediatamente. Camilla era stravolta, accasciata sulla poltroncina bandera, muoveva la testa a destra e a sinistra, io lo sapevo, io me l'aspettavo, adesso come glielo diciamo a papà?

Tutta una discussione. Normalmente papà doveva tornare domani, lunedì, con l'aereo da Cagliari delle 11.30, arrivo a Caselle alle 12.45. Scende, ritira i suoi bastoni al nastro bagagli, esce tutto fiero e allegro, e trova sua figlia e me che gli diamo la bella notizia.

È impossibile, diceva Camilla, è escluso, non si può, tanto vale spararagli in faccia.

Ma se lo preparate a poco a poco, diceva Casimiro, se gli cominciate a dire che c'è stato un brutto incidente, quelle cose lì, con tatto.

Con papà il tatto è inutile, te lo strappa via come una ceretta, vuol subito venire al punto, è fatto così. No, no, è impossibile, io non me la sento, bisogna trovare un altro modo. E comunque lui stasera chiama, appena ha finito le sue trentasei buche. Cosa gli diciamo, eh, cosa gli diciamo!

Vediamo di ragionare. Lui chiama a casa e nessuno risponde. O c'è magari un messaggio dei carabinieri sulla segreteria? No, non credo, non direi proprio. Il messaggio semmai glielo lasci tu, Camilla, e in ogni caso lui chiamerà te. Che succede a quel punto? Gli racconti tutto, così per telefono?

Ma qualcosa bisognerà pur dirgli, diceva Casimiro, una mezza verità, l'incidente, Milena in ospedale, prognosi riservata, non so, tanto per guadagnare tempo, prepararlo un po'. Ma cosa vuoi preparare, diceva Camilla, gli facciamo passare una notte orrenda, non chiuderà occhio, tu immaginati l'ansia, l'angoscia assoluta in quella camera d'albergo, no, no, meglio niente, va tutto bene, Milena è andata al cinema, che ne so. E così lui, diceva Casimiro, la richiama venti volte, passa la notte a tempestare, a mezzanotte, all'una, alle due. E non la trova mai e allora richiama Camilla e siamo al punto di prima.

Vediamo di ragionare. La cosa peggiore è che gli tocchi passare questa notte tutto solo in albergo con l'idea della prognosi riservata, d'accordo? D'accordo. Allora l'unica è fargli prendere l'ultimo aereo stasera stessa e farlo tornare qui. Ma lui era prenotato per domani, stasera non ci sarà posto, figurati di domenica. E noi ci diamo da fare, ci attiviamo, chiamiamo l'albergo, l'aeroporto, la compagnia, un posto di riserva ce l'hanno sempre per le emergenze.

Chiamiamo Angeleri, chiamo io Angeleri, diceva Casimiro. Ma gli stessi carabinieri potranno fare qualcosa, no? dicevo io, in un caso simile? Avranno delle disponibilità e poi insomma papà non è che sia esattamente l'ultimo venuto, cercare il prefetto, per dire, o il questore, non so, questi che manovrano le cose.

Sì, mettiamo. Allora lui arriva stasera con l'ultimo volo, già spaventato, già preoccupato a morte, e chi va a dargli la notizia? Io no, singhiozzava Camilla, io non me la sento, tanto più perché lo sapevo, lo immaginavo, avevo paura di una cosa così, e glielo avevo anche detto e ridetto, ci siamo accapigliati di brutto, per un po' non ci siamo parlati, povero papà, che colpo tremendo.

Casimiro voleva venire giù anche lui e vedere se si poteva fare qualcosa dal lato dei media, ma come padrone di casa è dovuto restare coi suoi ospiti; Camilla e io abbiamo preso su in fretta e furia le nostre quattro cose del week-end e ce la siamo filata senza salutare nessuno, nemmeno la nonna lassù nella sua torre, addio ai fiori, addio a quel mare di smalti e velluti verdi, alle mura rosse del castello: dritte sparate verso l'obitorio.

La carabiniera

Altre due donne nell'indagine e nemmeno queste tanto entusiasmanti. La figlia, col suo papà, papà, povero papà, e l'altra, più vecchia (una parente? un'amica?) più contegnosa. Aveva lei la situazione in pugno, si vedeva subito. Tutte e due molto chic, come si diceva una volta e come queste qua sicuramente dicono ancora: borse, scarpe, bigiotteria (?) trovate già nella culla, messe lì dalle buone fate tre generazioni fa. La figlia in pantaloni, l'altra gonna e giacchetta volante. Un week-end in campagna, ecco dov'erano state, da dove venivano, tanto per chiarire. Notte al castello, hai capito? Di un amico che più tardi sarebbe venuto giù anche lui, per assistenza morale e materiale sia al povero papà, sia alla figlia del detto povero papà. Una parola sulla povera morta, sulla povera Milena, io non gliel'ho sentita dire per tutto il tempo che siamo rimaste nell'ufficio del capo.

Dove a un certo punto è arrivato anche il capo supremo, con baciamano alla vecchia maniera, addirittura. Trattativa amichevole sulla perquisizione. A noi serviva andare di corsa a vedere il punto di partenza, ma ci voleva l'autorizzazione del magistrato, nonché quella del banchiere padrone di casa. Ma si poteva fare un primo controllo, un'ispezione informale, e piantonare magari la villa. Ci stava la figlia del proprietario, nel suo stesso interesse, a farci strada, aprire la porta e lasciare che uno dei nostri, magari anche due o tre, desse una primissima occhiata senza toccare niente? Altroché se ci stava, per carità, ecco qua le chiavi.

Hanno chiamato Gilardo ("uno dei nostri uomini migliori") per il passaggio delle chiavi; e poi acqua minerale frizzante, caffè, mancavano solo i bignè (cari come il fuoco) della pregiata pasticceria Querio qui di fronte. E dire che oggi non mi toccava nemmeno di essere in servizio, ho sostituito Rossella, un favore che mi restituirà, spero.

Poi ha telefonato il castellano, era tutto sistemato, il povero papà avrebbe preso un aereo privato, arrivo stasera alle 22.20. Ma ci hai parlato? chiedeva la figlia, che cosa gli hai detto, gli hai detto che Milena...? Be', sì, per forza, un brutto incidente, un tragico incidente, non potevo farlo viaggiare col dubbio. Bravo e così, ho pensato io, viaggia con la morte nel cuore, non saprei cos'è meglio, una minima speranza, un filo di possibilità. Mah. Due anni fa ho seguito un corso dell'Arma su come propinare queste belle notizie ai parenti, ma alla fine stringi stringi una vera regola non esiste, dipende da persona a persona, da momento a momento, devi intuire, capire al volo, lì in anticamera, in ascensore, dove capita. Voce sempre controllata, chiara. Sguardo comprensivo. Mano pronta al tocco umano sul braccio, sulla spalla. E poi via: signora, suo figlio ha fatto fuori la fidanzata con diciotto coltellate e si è buttato dal decimo piano.

Personalmente faccio subito scambio con lo scontro a fuoco davanti alla banca, ma sono situazioni inevitabili nel nostro mestiere. Senza contare il vecchio pregiudizio: le donne sono più sensibili, più delicate, ci sanno fare coi sentimenti, le disgrazie, il lutto, quelle cose lì. E quindi ho accompagnato io quelle due all'obitorio, su una macchina nostra, mentre Gilardo e gli altri si precipitavano a casa del banchiere e della morta, a cercare mozziconi di sigarette, bigliettini, impronte, bicchieri pieni fino all'orlo di Dna. Senza però toccare niente.

Siamo entrate, ma nel corridoio la più giovane (Camilla, a quanto pare) s'è tirata indietro, io non posso, non ce la faccio, la povera Milena (finalmente!), non ci posso credere, e io che lo dicevo, io che lo sapevo, io che me l'aspettavo, Beatrice pensaci tu, fallo tu che comunque la conosci come me eccetera.

Alla fine è rimasta fuori e questa Beatrice ha provveduto lei al riconoscimento. Era proprio Milena, ancora sul tavolo. Io stavo accanto a Beatrice pronta all'abbraccio, al gesto consolatorio. Ma non ce n'è stato bisogno, è rimasta a fissare quella faccina stravolta per un minuto buono e aveva uno sguardo, non so, non so. Uno sguardo.

La giornalista

Devi giurare e stragiurare che non dirai niente, che non pubblicherai una riga, che aspetterai zitta e buona la loro luce verde per non intralciare le indagini ancora in corso. Ma è sempre tutta una commedia, da una parte e dall'altra. Se sei riuscita a farti in qualche modo un amico o un'amica a un livello neanche poi tanto alto, di cose questi inquirenti te ne raccontano, il sacco lo vuotano.

Questo perché 1) nessuno che sa qualcosa di riservato rinuncia a spifferarla in giro, è un piacere più forte di noi, ministri, magistrati, presidenti, appuntati dei carabinieri; e noi giornalisti che lo facciamo per mestiere siamo in fondo i meno colpevoli. Certe volte, mentre guido come adesso per arrivare a casa del diavolo (semplicemente Vercelli in realtà) penso a quel greco che s'è fatto 40 chilometri di corsa per riferire di Maratona. Non è proprio lo stesso, ma in fondo lo è. Poi, 2) l'esempio viene dall'alto, nessuno è più capace di tenere la bocca veramente chiusa. Riserbo assoluto, dicono. Ma in tanti anni che faccio cronaca io non l'ho mai visto, questo riserbo assoluto. Se quello ti fa il muso duro, il suo vice, o il vice del suo vice ti strizza l'occhio, magari con la benedizione del primo. Fughe di notizie, le chiamano, le chiamiamo noi stessi. Ma noi stessi abbiamo sempre il sospetto che siamo pilotati, che ci sia dietro un loro calcolo, un'intenzione, un qualche segnale o messaggio segreto destinato a chissà chi. Ci usano, in sostanza. Come noi cerchiamo di usare loro. È tutta una commedia, un gioco.

Per cui io ho saputo già in prima serata (le fonti non si rivelano, anche se tutti sanno quali sono) che la morta è rumena, nome Milena Martabazu, anni ventidue, entrata clandestina in Italia quattro anni fa e poi a battere su svariati marciapiedi con svariati arresti, espulsioni eccetera; e in conclusione salvata da don Traversa, il prete di Novara che ha un centro di protezione e riabilitazione a Vercelli appunto, dove mi sto fiondando oltre i limiti di velocità.

Strangolata in un fosso tra Beinasco e Rivalta alla periferia ovest di Torino. Scappata dal focolare di Vercelli, ricaduta nel giro, sembrerebbe.

Ma c'è un particolare senza senso: era vestita secondo la moda puttanesca, aveva un collant nero a rete. E sopra, dico sopra, un tanga a quanto pare turchese. Come sia arrivata in quel prato non si sa, ma è chiaro che ce l'hanno portata probabilmente già morta. E quel tanga gliel'ha infilato l'assassino o gli assassini. L'hanno mascherata, per così dire. Una messa in scena evidente. Quindi magari una vendetta dei suoi vecchi padroni: rapita, rivestita da puttana, strangolata e scaraventata nel fosso, così impari. Altro che una nuova vita.

Perché lì a Vercelli proprio quello cercano di fare. Le tengono mesi per fargli digerire il trauma delle botte e del marciapiede e poi gli cercano con calma un lavoro regolare, assistenti cuoche, commesse, per lo più badanti in case private dove c'è gente vecchia o malata. Una volta l'ho intervistato, questo prete, questo don Traversa, un uomo sui cinquant'anni, per forza energico-serafico, non simpatico ma nemmeno untuoso.

Personalmente sono sempre prevenuta con questi paladini o salvatori, ci sospetto a priori... cosa? mah, la vanità, forse, nel migliore dei casi. Altruismo, abnegazione, dedizione, sono tutte cose bellissime e che esistono veramente, per carità. E ce n'è bisogno, chi lo nega. Ma un mio ex con velleità intellettuali una volta mi ha dato un libro di Schopenhauer, grande filosofo del pessimismo, e questo Maestro diceva a un certo punto che per lui i cinque sesti dell'umanità fanno schifo, sono gentaglia, robaccia, carognoni da starci lontano il più possibile. Ecco, l'idea mi è un po' rimasta.

Il Centro di riabilitazione di Vercelli ha sede in una palazzina su un viale periferico. Cercano di tenerlo segreto, o perlomeno defilato, per evitare, verrebbe da dire, casini. Venti posti, quasi sempre tutti occupati, ma a volte ci sono, con le donne, anche i loro bambini, e quindi la casa e il via vai non hanno niente di equivoco. Nel seminterrato c'è l'inevitabile ping-pong e diversi laboratori, fiori di carta, copiatrici, taglio e cucito, piccola falegnameria.

Non che io l'abbia mai visto, il Centro. È stato quel prete a spiegarmi tutto, quando l'ho intervistato, ho ancora la mia bella inchiesta (con foto) in archivio. E la gestione è in mano a una mezza dozzina di signore e ragazze impegnate "nel sociale", come dicono loro. Ci sono medici e infermieri volontari che passano a dare una mano, e un secondo prete che viene per le funzioni religiose nella cappelletta ricavata dal garage (non che le ragazze siano obbligate, ma ci vanno in massa, mi diceva quello). Insomma, funziona. All'epoca pensavano di ingrandirsi, nel senso di aprire altri centri simili in altre città; non in campagna, non in qualche paesetto dove darebbero troppo nell'occhio, e ci vuol poco a immaginare come minimo gli scherzi, le scritte sui muri per opera di quei cinque sesti calcolati dal Maestro pessimista.

A Vercelli sono arrivata che erano quasi le dieci. C'ero stata diverse volte con un altro mio ex, uno che andava matto per le rane, riso e rane, fritto di rane, rane in umido, alla provenzale. Nella stagione giusta (giugno? luglio?) mi portava qui a banchettare sostenendo che erano le ultime occasioni, le rane delle risaie stavano scomparendo, uccise dai pesticidi. Le migliori rane del mondo, secondo lui, niente a che fare con le rane-giganti australiane o africane, non so più bene. Poi se n'è andato a Parigi in cerca di fortuna come fotografo (faceva il fotografo) e da allora non ho più seguito il destino delle rane vercellesi, può darsi che siano davvero estinte, le croccanti bestioline.

Per dire che della città non so niente, tranne che c'è una famosa chiesa (mai visitata) con affreschi o quadri favolosi. Ma arrivata più o meno in centro ho chiesto a due tizi su una panchina, poi a una gelateria, e così sono arrivata su questo viale semiperiferico, male illuminato, bordato da due file di alberelli rossicci. Ho trovato la casa, ho suonato al cancelletto, ho detto al citofono che mi mandava il telegiornale. C'è stata la pausa piuttosto lunga di quando vorrebbero mandarti al diavolo ma li trattiene: 1) il prestigio dei media! 2) la paura che tu ti metti contro e ne parli lo stesso ma in tono negativo e sfottente. Così alla fine mi hanno aperto.

La volontaria

Prima di aprire alla giornalista ho naturalmente richiamato la signora direttrice Pozzi, stasera impegnata in una riunione a Milano. Già nel pomeriggio, appena ho saputo della tragedia dai carabinieri di Torino l'avevo avvertita, ma lei non ha fatto una piega, è una donna con un carattere molto forte, grazie al Cielo: chiudi i rubinetti, Lucia, fammi il favore, mi ha subito detto dato che io stavo cominciando a piangere. Un brutto colpo per noi, ha detto, proprio un colpo basso del Diavolo.

Ad avvisare don Traversa ci pensava lei, ha detto, quanto a me dovevo per stasera non dire una parola alle ospiti, anzi a nessuno, assolutamente nessuno. Ma se la vedono in tv? ho detto io. Se salta fuori in qualche notiziario tv? Smettila col piagnisteo, Lucia, ha detto lei. Sì, può darsi che la notizia esca fuori ma i media in mano hanno poco, i carabinieri alla povera Milena ci sono arrivati in fretta, ma i media non hanno foto, non hanno l'identità della vittima, per ora sarà il solito omicidio di una prostituta, rapina, regolamento di conti, maniaco sessuale, solite ipotesi. Quindi silenzio, e non piangere, che tanto non serve a niente.

Una donna decisa, Maria Ludovica, che sa sempre che cosa bisogna fare, che non perde mai il controllo.

Io ho preso il mio rosario dalla tasca e ho pregato un po' per la povera, cara Milena, e mi sono piano piano calmata. Due cose servono in questa nostra attività: pazienza, e questa il Signore me l'ha data, e freddezza, e lì non ci siamo, io quando sono emozionata apro i rubinetti, non c'è niente da fare.

Comunque ho guardato un po' la tv con le ragazze, non ricordo neanche cosa, avevo la testa chissà dove, e poi ecco che suona il campanello e si presenta questa giornalista.

Lo sapevo, l'avevo detto, vengono sempre a scoprire tutto, s'infilano dappertutto, è mai possibile? Allora ho richiamato Maria Ludovica e francamente tremavo dalla testa ai piedi. Non perdere la testa, Lucia, ha detto lei. A questo punto è meglio riceverla, la giornalista, ma tu gli devi dire solo lo stretto indispensabile, che la povera Milena è passata da noi, che era una bravissima ragazza, e niente altro, hai capito? Come sarebbe, niente altro? Signore benedetto, ha detto lei, cerca di non piagnucolare, commossa va bene, ma c'è un limite, su, prendi un fazzoletto pulito e soffiati bene il naso.

Ma io altro che commossa, ero sconvolta, avevo la gola chiusa, non ci potevo credere all'idea della povera Milena in quel fosso vicino alla Fiat. Cosa c'era andata a fare? Rapita, sicuramente. Trascinata lì a forza da quella gente maledetta. Per vendicarsi, per far vedere a don Traversa, alla direttrice e a tutte quante che non si può scappare, che loro arrivano dove vogliono e ti rimettono sul marciapiede. E sennò, la morte.

Ma è una cosa tremenda, dicevo alla direttrice, non potresti venire tu a parlare con la stampa, Maria Ludovica? Con la macchina in un'ora sei qui e intanto io la tengo fuori, non la faccio entrare, le dico di ripassare tra un'ora, che vada in un bar a mangiarsi un gelato, intanto, no? No, ha detto Maria Ludovica, io arrivo comunque, ma più tardi, calcola verso mezzanotte, e domani ci saremo tutti e due, don Traversa e io, a tenere il fronte. Quale fronte, per l'amor di Dio? Ma pensaci un momento, verranno i carabinieri, le tv, sarà tutto un casino, scusa la parola, ma sta' tranquilla che non ti lasciamo da sola a ballare e intanto, guarda, se proprio vedi che non ce la fai chiama Semeraro, fallo venire lì, anzi è senz'altro la cosa migliore, te la cucina lui la giornalista, chiamalo subito al cellulare, il numero è... Ce l'ho, ce l'ho il suo numero, ma io con Semeraro, dicevo. Lo so, lo so, Lucia, diceva lei, ma Semeraro è uno deciso, non si fa spaventare da niente, e qua l'importante è dire solo lo stretto necessario, far capire a questa giornalista che noi non abbiamo niente da nascondere ma che per ovvi motivi, hai capito, ovvi motivi, dobbiamo mantenere il più stretto riserbo. E anzi, ora che ci penso, semmai, se riesci a chiudere i rubinetti, falla magari entrare cinque minuti, cerca di sapere da lei qualcosa di più, hai capito Lucia, falla passare nel mio ufficio e cerca di tirarle fuori il verme, ma non deve vedere nessuno, per carità, assolutamente nessuno!

E poi si rimangiava: no, niente, diceva, lascia perdere, Dio che pasticcio, Dio del cielo che terribile cosa, no, senti, lascia stare, tienila fuori quella lì, non ci parlare, ci penserà Semeraro, tu sei troppo... un po' troppo emotiva, povera Lucia.

Emotiva va bene, ma non sarò proprio una deficiente. Ho chiamato Semeraro e ho fatto entrare la giornalista. Lo stretto necessario ero capace di dirlo anch'io, senza bisogno di quel... lasciamo perdere.

Ma cos'è lo stretto necessario? La giornalista lo sapeva già, lo stretto necessario. Nome, cognome, età, poi il nostro indirizzo, che non è proprio segreto, ma insomma riservato, per motivi di sicurezza. E difatti appena l'ho fatta sedere dall'altra parte della scrivania le ho chiesto come faceva a saperlo, chi gliel'aveva dato. Sono notizie che girano, ha detto lei facendo volare la mano, sono cose che si sanno. E poi del resto lei conosceva don Traversa di persona, l'aveva intervistato, un uomo eccezionale. Questo mi ha un po' tranquillizzata e così le ho chiesto che altro sapeva di Milena. L'aveva vista, lei? No, non aveva visto niente, sapeva solo del fosso e dello strangolamento. Lì ho riaperto i rubinetti, purtroppo. Una vera crisi. E quella che cercava di consolarmi, gentile, mi ha offerto i suoi fazzolettini di carta, su, su, si faccia coraggio, parliamo un po' della povera Milena.

Era una ragazza meravigliosa, una grande vittoria per tutti noi. Le volevamo bene, l'avevamo aiutata a tirarsi fuori, ma il merito era solo suo, era lei che voleva salvarsi, perché se mancano la volontà e la fede non c'è speranza, non c'è redenzione. Ma com'era? Era molto bella e anche molto intelligente, aveva imparato l'italiano perfettamente e dal giorno che è entrata qui non ha più detto una brutta parola, al massimo accidenti o per la miseria, e pregava, pregava tanto, in camera sua, in cappella, se ne stava lì tutta zitta e io le chiedevo, cosa fai? E lei: sto pregando, Lucia. Con un sorriso come un angelo, come le sante di Gaudenzio Ferrari a San Cristoforo.

Mi ha chiesto, questa gentile giornalista, se per caso avevo una foto di Milena e io subito subito le ho detto di no, mi dispiace, ma poi ho preso l'album che Maria Ludovica tiene nel terzo cassetto della cassettiera con tutte le foto delle nostre ospiti e ho coperto con due fogli le altre foto, in modo da lasciare in vista soltanto quella di Milena, povera anima.

Bella, davvero molto bella, diceva la giornalista guardando la foto a mezzo busto, che non bastava certo a dare l'idea, ma insomma gli occhi, l'ovale, la bocca si facevano capire. È il sorriso, ha detto la giornalista. Sì, è vero, il sorriso t'incantava, ti conquistava, cara Milena.

E com'è successo che è scappata, quando ve ne siete accorte? ha chiesto la giornalista. Ma come scappata, non è scappata affatto. Lei si sentiva sicura, noi eravamo sicuri, e così alla fine l'abbiamo sistemata in una brava famiglia di Novara come badante, ha curato una povera malata che stava per raggiungere il Signore, è durata mesi e mesi, una vita di sacrificio totale, senza un minuto di riposo né di notte né di giorno, dormiva su una brandina nella stessa stanza, sempre pronta a correre perché la malata si lamentava, aveva bisogno di mille cose, si agitava, aveva dolori dappertutto. E lei è venuta una volta sola a trovarci e mi ha raccontato quello che le toccava passare, ma sempre col suo bel sorriso, sempre con lo spirito della misericordia cristiana, anche se lei era ortodossa. Un esempio, quella nostra Milena, una vera santa.

E dopo ha chiesto la giornalista, cosa le è successo dopo? È tornata qui? O s'era stufata di fare la santa e s'è rimessa a fare la troia?

Ecco, è stata quella parola a chiudermi la bocca. Non m'è piaciuta. Anzi, non m'è piaciuto il tono di tutta la domanda: cinico, sarcastico. Quella giornalista era solo un'ipocrita senza cuore. Così non le ho detto più niente, lo stretto necessario era finito e l'ho accompagnata gentilmente alla porta.

La giornalista

Culo, non dico di no. Ma resta il fatto che se non muovevo il mio, di culo, se non prendevo e me ne venivo a Vercelli in prima persona, non avrei incontrato quelle tre che rientravano nel Centro mentre io ne venivo più o meno sbattuta fuori. Due nere coi labbroni e una bianca magrolina bionda. Tre ex, così a occhio. Tre salvate. Toccava a me l'adescamento e quindi gran sorriso, gran buonasera e perfino lasciare per un momento sospesa nell'aria l'idea di essere io stessa appena arrivata lì per la redenzione.

Una delle nere aveva attraverso il mento un bel baffo di gelato e gliel'ho indicato. Merci, merci, diceva lei pulendosi con un lavoretto di lingua. Senegalese. Ridevano con dei denti da fare invidia a un coccodrillo, dicevano che quei gelati della gelateria Gelandia erano buoni, très bons, vachement bons, formidables. La biondina se ne stava zitta e mi fissava, squadrava. Sei qui anche tu, mi ha chiesto, sei arrivata stasera? Niente di cordiale nella voce. No, io sono una giornalista, sono qui per una brutta notizia.

Le due nere hanno fatto un passo, due passi indietro. Giornalista? Gli dovevano aver ordinato di stare lontano dalla categoria. Ma a quel punto la biondina voleva sapere della notizia, quale brutta notizia? Una vostra amica, una ragazza che stava qui con voi ha avuto un incidente, Milena, si chiamava Milena, la conoscevate? Le due nere hanno alzato le mani come due farfalle rosanero, non, pas du tout, connais pas, connais pas, e altri mezzi passi indietro. Ma la biondina (tinta) voleva sapere dell'incidente, che incidente, dove? A Torino. Ma un incidente d'auto? No, in un prato. Allora morta? Morta. Droga? Mah, forse, non si sa bene. Quella ha fatto un ghignetto. Un prato, eh? Ma lei la conosceva Milena? E come no, Milena la bellissima, Milena la santa santissima. Ha chiuso gli occhi e giunto le mani in preghiera, sempre con quel ghignetto.

Ma perché invece secondo te...? mi sono infilata io.

Tu vieni dentro, Seda, ha detto una delle nere, noi andiamo dentro, è tardi, e batteva l'unghia non dipinta sul suo enorme orologio. Alors, tu viens?

Ma questa qua, questa Seda, si voleva sfogare, ce l'aveva su con la morta per qualche ragione, soldi, gelosia, vai a sapere; e diceva ora vengo, ora vengo, un minuto.

In quel momento è arrivato il tracagnotto, così l'ho timbrato appena l'ho visto. Uno sulla cinquantina, basso, robusto, con un camiciotto a quadri da cui uscivano due braccia corte e pelose.

«Allora, allora, cosa succede, siete ancora in girondola?» ha detto senza guardare me.

Doveva essere una specie di controllore o guardiano, perché le due nere se la sono subito filata. Ma la biondina non s'è fatta impressionare, anzi.

«E tu, sei qui per farti una pizda prima di andare a nanna?»

L'altro le ha messo una mano sulla spalla.

«Alè, Seda, a cuccia anche tu» ha detto con un brontolio affettuoso.

«Metti giù le mani, Semeraro» ha detto lei scostandosi.

Allora il tracagnotto s'è girato verso di me con un sorriso largo così, la cordialità in saldo.

«Permette? Non ci siamo ancora presentati. Mi chiamo Semeraro. È lei la giornalista?»

Doveva averlo convocato d'urgenza quella di dentro, quella Lucia del Centro, terrorizzata dai media. L'uomo ha appoggiato il grosso indice sulla spalla della biondina e le ha dato una spinta, non forte; e lei è andata, zitta.

«Giornalista, eh? E di che giornale?»

«Una tv privata.»

«E dove sarebbe l'armamentario?»

«Quando serve lo tiro fuori.»

Eravamo lì in piedi, in quel magro giardinetto e ci guardavamo negli occhi, lui tutto sorridente, io un po' meno. Mi chiedevo se, per soldi, mi avrebbe raccontato qualsiasi cosa, il tracagnotto. L'avrei giurato, ma comunque il rotolone di biglietti da infilargli nel taschino della camicia non ce l'avevo. E nel taschino del resto c'era già un paio di occhiali neri.

«L'accompagno alla macchina, avrà la macchina?»

Ha fatto il gesto di prendermi per un braccio ma non mi ha toccato. Ci siamo incamminati lungo il viale, senza fretta.

«Queste povere ragazze» ha sospirato. «Facciamo quello che possiamo ma certo è dura.»

«E lei cosa ci fa qui dentro?»

«Boh, un po' di tutto, faccio un po' il treduniòn, come dire. Le accompagno, se c'è bisogno riparo i rubinetti, il tavolo del ping-pong, ho degli amici in ospedale in caso di...»

«E tiene lontano i giornalisti.»

«Cosa vuole, per forza. Ho anche degli aggancini in questura, sa, per i documenti o se succedono complicazioni. Possono sempre servire in un'emergenza.»

Ex poliziotto? A me dava piuttosto l'aria di un ex detenuto.

«E com'è questa storia della Milena? Cos'è successo?» m'intervistava lui.

«Ho già detto tutto a quella là del Centro, quel poco.»

«Ah, la Lucia. Brava donna ma non si può proprio dire che abbia... gli attributi. Una gran rompiballe, povera donna. Ma anch'io gli sto sulle balle, questo è sicuro. Si rompe un grissino e lei subito chiama Semeraro per la riparazione. Si lamenta perché fumo e do il cattivo esempio e poi che sono... indelicato, dice lei. Tutto per il fatto che ogni tanto mi scappa una mezza bestemmia, una parola un po' forte, sa com'è.»

«Lo so benissimo, a me per una parola mi ha messo alla porta.»

«Ah, ecco ecco!»

Mi ha guardato ridendo, con un certo rispetto.

«Neanche fossimo in un convento, capirai.»

«Con tutta quella pizda in circolazione» ho detto io.

Lui si è fermato. «Lei sa cosa vuol dire? Parla rumeno? È rumena anche lei?»

«No, ma qualcosa ho imparato, a forza di girare.»

«Già. La pizda.»

Ha fatto uno sbuffo come un colpo di tosse, divertito. Era il momento di farmelo amico il caro tracagnotto.

«E se ci sediamo un momento su questa panchina e ci fumiamo in pace una sigaretta, lontani dalla rompiballe?»

«Ah, fuma anche lei, benone.»

Ci siamo seduti, ognuno ha tirato fuori il suo pacchetto.

«Tempi duri per noialtri col vizio.»

In realtà io fumo solo in queste occasioni, quando serve un po' di complicità da ghettizzati. Un trucchetto che mi ha insegnato un mio ex che faceva vendite porta a porta non so più di cosa.

«Ma quella poveretta aveva smesso con la pizda, no? Lucia mi ha detto che si era sistemata in una brava famiglia a Torino.»

«Prima a Novara» ha corretto lui, «poi a Torino. Perché a parte la pizda, come cuoca era veramente favolosa.»

«Ma non faceva la badante, l'infermiera? Con una malata terminale? Così almeno mi ha detto Lucia.»

«Lucia, Lucia... quella sa sempre tutto e non sa un cazzo di niente. Bambinaia, alla fine era bambinaia dalla figlia di un banchiere.»

«A Novara?»

«Ma no, a Torino, a Torino.»

Passava una macchina dei carabinieri striata dai riflessi dei lampioni.

«Sono già qui» ho detto alzandomi a metà. «Accidenti.»

Lui mi ha messo una mano sul ginocchio per farmi star giù.

«No, vanno troppo piano, è solo una pattuglia, si fanno vedere sul territorio, come dicono loro. Da noi verranno a rompere domattina ma se la dovranno vedere con don Traversa e ci sarà di sicuro anche la Giraffona.»

Ma non toglieva la mano dal mio ginocchio. Mi stava proponendo: informazioni pagabili con pizda. Io tenevo gli occhi fissi su quegli avambracci pelosi, schifosi, e pensavo: se fai la puttana uno così non puoi respingerlo, devi accettarli praticamente tutti, vecchi, giovani, brutti, sporchi, non puoi dire di no a nessuno. Come tutte le donne, anch'io vorrei capire per quale strada ci si arriva, a una cosa così. Devi essere violentata a dieci anni? O cominci col primo fidanzato a quindici e poi vai avanti da un ex all'altro finché non ci fai più caso? O non è una specie di spaccatura, da una parte fai quei gesti automaticamente, dall'altra resti sempre tu, sei sempre la stessa ragazza di una volta, intatta, illibata, come si dice. Tagliata in due. Schizofrenica, tipo.

Ho messo la mano su quella di Semeraro.

«Semeraro... Semeraro...» ho detto scuotendo la testa. Lui mi ha fissato sorridendo, poi ha tolto la mano.

«Ma come l'avete tirata via dal marciapiede, la povera Milena? Non aveva dei protettori, dei padroni che magari l'avevano comprata in Romania?»

«Certo che li aveva, una donna e due uomini, due albanesi. Dei tagliagola, e naturalmente lei era terrorizzata. Ce n'è voluto per convincerla a denunciarli.»

«E li hanno presi, sono dentro?»

Semeraro ha fatto una smorfia.

«Dentro, dentro, nessuno è mai dentro in Italia, chi ci capisce più niente con le leggi che abbiamo.»

«Ma allora magari sono tornati, sono loro, l'hanno fatta fuori per vendicarsi.»

«Può darsi, anzi sarà senz'altro così, anche se sono passati quasi tre anni.»

«Perché lei era bambinaia di questo banchiere già da due anni?»

«No, della figlia: il banchiere aveva una figlia divorziata con dei bambini piccoli.»

«E dopo? Se n'è andata? L'hanno licenziata?»

Semeraro ha sghignazzato.

«Altro che licenziata, la bella bambinaia. È stato il colpo della sua vita.»

«Che ha fatto? Ha svaligiato la banca?»

«Meglio, s'è fatta sposare, è diventata la moglie del banchiere, è diventata la signora Milena Masserano. A settembre dell'anno scorso.»

Nessuno te lo chiede, è un semplice servizio di traghetto, posso mandare qualcun altro e tu per oggi puoi chiudere, puoi andare al cinema o in discoteca, non c'è bisogno che ci vada tu all'aeroporto, è inutile, tornatene a casa a dormire, dammi retta. Così il capo. Due le possibilità. 1) faceva il paterno sul serio, mi proteggeva dal mio stesso eccesso di zelo, come lo chiama lui. 2) voleva mettermi alla prova, vedere fino a che limite arriva l'impegno, la dedizione, il senso del dovere eccetera di una sua sottoposta.

E la semplice curiosità, dove la mettiamo?

L'aereo dalla Sardegna atterrava (circa) alle 22.20, la figlia e quell'altra erano passate a casa a farsi una doccia. Casa alla Crocetta, naturalmente. Villa bianca su tre piani, seconda metà dell'Ottocento, con ampio giardino cintato da cancellata in ferro, invisibile nella siepe di edera o simile fogliame. A quanto ho capito ci abita la figlia divorziata coi bambini in affidamento a lei, a pianterreno. E sopra, il povero papà con Milena. Ma a quanto ho solo intuito, tra padre e figlia non è proprio un idillio, ci devono essere stati contrasti, anche seri, per via forse del divorzio, o per via di questa Milena, che la figlia non doveva esageratamente gradire. Una ex puttana rumena che ti diventa matrigna, capirai. Sì, dev'essere difficile da mandar giù, un bocconcino del genere e in un ambiente del genere.

Io non ce l'ho affatto con questo tipo di gente. Non m'interessa da quando sono diventati ricchi e come lo sono diventati, fatti loro. Certi colleghi, a parole almeno, preferiscono i quartieri detti a rischio, San Salvario, Porta Palazzo, Stazione Dora, dove le siepi sono fatte di pusher, scippatori, protettori, ladri e trafficanti di tutti i colori, coi loro phone-center e le loro macellerie etniche. Noi siamo soldati – dice – e la vera guerra è lì, quello è il nostro vero lavoro. Sarà, ma qualcuno mi spieghi cosa c'è mai di appassionante in questo meccanismo: fermo, controllo documenti, accertamento falsa identità, rimessa in libertà sul marciapiede dopo mezz'ora. E così tutte le notti, tutti i giorni, in saecula saeculorum.

Il rischio dello scontro a fuoco, la mano sulla pistola, l'inseguimento a 140 all'ora? Ma succede statisticamente di rado e comunque quel tipo di brivido non mi attira. Ho fatto e continuo a fare il mio bravo addestramento e me la caverei; ma non mi attira. Pantofolaia? Dovevo sposarmi con quel gran bastardo di Stefano e tenere una merceria in via San Donato, come mia sorella? Che però non si è stupita quando ho deciso di fare il concorso per entrare nell'Arma: è la tua vocazione, diceva, nelle Forze dell'Ordine e della Curiosità. E dove la metto la curiosità quando mi tocca controllare tutte le sere se Nassim Al-Qualcosa non è per caso in realtà Aziz-el-Qualcos'altro? Mentre qui, tra questa bella gente coi documenti in regola e l'aereo privato, hai perlomeno la curiosità di capire perché e come una battona rumena di ventuno anni è diventata la moglie di un banchiere, o ex banchiere che sia, vicino ai sessanta. E di vederlo in faccia, questo povero vedovo, povero papà.

La villa era naturalmente sotto sorveglianza "informale", fuori c'era una nostra auto senza contrassegni (baciamano, banchiere = discrezione) e dentro tre colleghi a cercare il pelo nell'uovo senza toccarlo, fra cui il bravo Gilardo a fare gli onori di casa. Atrio d'ingresso come una sala da ballo (e forse ci ballavano davvero, nel 1880), un tappeto grande come il lago piccolo di Avigliana, uno scalone doppio che saliva al piano di sopra, una pinza di marmo con passatoia rossa. E sotto quella specie di arcata, due poltrone a schienale alto e una consolle dorata con un vassoione carico di frutta.

Uauh, ci vuole come minimo una banca per tenere in funzione un domicilio del genere, quando entro nel mio bilocale è tanto se riesco a togliermi il giaccone senza sbattere coi gomiti nelle pareti.

Gilardo ci ha fermate subito, attente a non camminare sul tappeto, bisogna girarci intorno, per cortesia. Allora ho notato i papaveri sparsi sul lato più vicino alla porta. Non molti, in disordine e ormai ridotti a cenci appena più rossi del tappeto. Anche le due signore li hanno notati ma non hanno fatto domande. Ho chiesto io se li tenevano in casa e la Camilla ha negato, no, mai, i papaveri sono belli nei campi ma appena li raccogli appassiscono, anche in vaso durano due ore. E poi sono filate sul lungolago fino all'appartamento di lei, Camilla, dove abita coi bambini dopo il divorzio. A cambiarsi e rinfrescarsi, come si dice.

«E questi papaveri?»

«Molto utili, molto importanti» diceva Gilardo.

«Per le impronte?»

Gilardo è impermeabile all'ironia (o forse fa finta?).

«No, per le impronte ci sarà poco da ricavare, ma è per il modus succedendi.»

Chissà chi, negli anni, ha inventato questo scherzo, che come succede è rimasto, è ormai entrato nel nostro gergo corrente, una frase fatta che non fa più ridere nessuno, la si usa normalmente.

«Se t'interessa» diceva Gilardo, «ti faccio vedere il modus succedendi, almeno come lo ricostruisco io.»

Siamo saliti al primo piano dove abitava il banchiere con moglie strangolata. In cima alla doppia scala c'era un breve balcone affacciato sulla sala da ballo e di lì si passava nell'appartamento. Salotti e salottini, vasi, tappeti, comò d'antiquariato, divani e divanetti, specchiere. In uno dei salottini c'era il televisore piattissimo, un tavolo basso con sopra una scatola d'argento piena di sigarette, un libro, un bicchiere di Coca, una ciotola mezza piena di gianduiotti. E riviste di moda sparse sul tappeto.

«Allora, lei è qui tranquilla col televisore acceso...»

«Ma l'avete trovato acceso?»

«No, dicevo così, ma può averlo spento prima di scendere. Oppure sfogliava una rivista. È lo stesso.»

E qualcuno suonava al cancello, lei si alzava, forse guardava dalla finestra che dà sul corso ma non vedeva nessuno per via della siepe troppo folta, come risultava dalle telecamere.

«Ma c'erano telecamere?»

«Certo. Due, una sul davanti e una sul cancelletto nel retro, in giardino. Ma si vedono solo foglie, le hanno lasciate crescere troppo.»

Il visitatore si faceva comunque riconoscere, lei dunque lo conosceva, si fidava, scendeva, apriva e quello le offriva il mazzolino di papaveri.

«Così i papaveri tolgono di mezzo l'ipotesi che lei sia uscita di casa di sua iniziativa, che insomma l'abbiano prelevata mentre se ne andava a spasso, capisci?»

Chi le aveva portato quegli effimeri fiori? Un parente, forse. Queste ragazze hanno sempre una quantità di parenti più o meno raccomandabili, cugini, cognati, padri alcolizzati. Era facile immaginarla seduta qui a sgranocchiare dolciumi, a fumare, annoiarsi... Già non ne poteva più della nuova vita? Già il banchiere l'aveva stufata?

«E com'era vestita? Si sa?»

No, ancora non si sapeva. Qualcosa per forza doveva avere addosso perché l'avevano poi spogliata e rivestita da puttana. Ma il "qualcosa" non si sapeva cosa fosse, una vestaglia, chissà. Comunque domani sarebbe venuto qui il marito con la figlia, a controllare il guardaroba, vedere cosa mancava.

«Andiamo lo stesso a dare un'occhiata.»

Ma nella cameretta del guardaroba, dentro quegli armadi a muro con le porte scorrevoli, non c'erano vuoti evidenti, i vestiti pendevano spenti, cera colata da trenta candele funebri. Ho pensato: dio che tristezza, non c'è più un corpo per tutti questi vestiti. Anche se poi, pena o non pena, ho fatto scorrere l'occhio su tutto il campionario di mezza stagione, sete, cotoni, lini, velluti, dove avrei pescato (e provato) una mezza dozzina di modelli. L'ho detto a Gilardo che mi ha guardato perplesso.

«Non puoi, non hai l'autorizzazione del giudice.»

Adorabile. Stanza da letto vasta, con vasto letto matrimoniale. Studiolo del banchiere con ritratto di bella signora sulla quarantina.

«E quella?»

«Prima moglie, immagino. Morta di qualcosa.»

Sedeva davanti a un tavolino ovale, una mano alla scollatura, l'altra posata accanto a un gran vassoio carico di frutta, lo stesso che c'era di sotto.

«Vedi? Tutto a posto, qui non è venuto nessuno.»

Siamo tornati giù attorno al lago e Gilardo chiudeva il suo modus succedendi, diceva per me loro le sono saltati addosso subito, già qui sul tappeto, e lei ha lasciato cadere i papaveri, è caduta probabilmente anche lei, svenuta, imbavagliata o comunque messa ko, e poi l'hanno tirata su, presa di peso, portata fuori, infilata in macchina e via.

«Perché dici "loro"?»

«Perché uno solo non ce la poteva fare, ci doveva essere un complice che s'è infilato in casa anche lui, e forse un terzo a guidare l'auto.»

«Una banda, insomma.»

«Be', quelli sempre si muovono in banda.»

«Ma non hanno rubato niente?»

«Pare di no, solo la ragazza.»

Siamo andati a fare il giro del pianterreno, Gilardo apriva tranquillamente tutte le porte: sul lavoro, formale o informale, niente lo intimidisce, niente lo ferma. La figlia Camilla è sbucata da un anditino strofinandosi addosso l'accappatoio di spugna bianca, costosissimo. Scusate, faccio in un momento. L'altra non si vedeva. Anche qui, salottini, un salone con doppio bovindo, grandi quadri, tappeti, argenti, saletta da pranzo, e poi una scala di pietra nera che scendeva nel seminterrato, con le camere dei bambini, trecento giochi, una cucina (probabilmente quella originale, 1880, col suo montacarichi), tutto perfettamente in ordine, non una lampada sbattuta per terra, un cuscino fuori posto.

«Nemmeno qui sono venuti» diceva Gilardo.

«Io però mi chiedo, se permetti...»

Era sempre Gilardo che continuamente si chiedeva, e tutti lo prendevamo in giro. Chiudeva gli occhi, alzava indice e pollice uniti in cerchio e si chiedeva. Cose ovvie, di solito, ma ammiravo la sua capacità di tornare sullo stesso chiodo, sul già considerato, sul già detto e ridetto, imperturbabile.

«Prego, figurati» diceva lui, serio, con un lievissimo tremito del suo quasi doppiomento.

«Come mai non era anche lei in quel castello per il week-end con la figlia e l'amica di casa? Dopo tutto faceva parte anche lei della famiglia, no? Com'è che l'hanno lasciata qui sola soletta?»

Ma già mentre lo dicevo avevo la risposta. Non è che non l'avessero invitata, era lei che non c'era voluta andare, la rumena appena scesa dal marciapiede, la battona, la puttana. Che ci andava a fare al castello, che c'entrava con quella bella gente alla grigliata? Il marito sicuramente la spingeva, la trascinava, cercava di portarsela di qua e di là a testa alta. Questa è mia moglie, signori! Ma doveva essere dura, durissima per la povera Milena. Sì, se l'era impalmato, il banchiere, ma bastava un'occhiata di quella bella gente per annientarla. Un mezzo sorrisetto. Una gentilezza in più. Nessuno poteva dimenticare per un solo momento da dove veniva, la sposa extracomunitaria. Meglio starsene in casa, mi sento poco bene, sono stanca, ho mal di testa.

E difatti quando le due signore sono ricomparse fresche e profumate, hanno pienamente confermato (a modo loro). No, Milena in campagna non ci poteva venire, soffriva di allergie, i pollini le davano delle crisi tremende, se ne stava più volentieri chiusa in casa, al buio. Capirai.

Uscendo, mi sono ancora girata a guardare quei papaveri sparsi, appassiti, ridotti a niente. Chi glieli aveva portati, mi chiedevo come Gilardo, alla bella strangolata? Una donna, una ex collega redenta anche lei o niente affatto redenta? Una parente di cui si fidava? O non piuttosto un amante, un uomo dei bei tempi del marciapiede, il truce pappone di cui lei però era ancora innamorata? Botte da orbi, ma al cuore non si comanda. Succede, succede tutti i giorni, alla faccia dei ricchi banchieri residenti nelle candide ville della Crocetta.

Sì, ho dato un'ultima occhiata al tappeto-lago, alla doppia scala, agli stucchi, alla bianca vastità di quel salone da ballo. Tutto perfetto, tutto intatto e pronto per la perquisizione a pettine fine di domattina. Che non tocca a me, non mi riguarda, non sono una scientifica.

Solo e soltanto una gran rompicoglioni, questo ero diventata per Michele, detto (da me) il Mitile, alla fine della nostra (breve) convivenza. Tu vedi solo i difetti, sai solo vedere gli errori, devi sempre bacchettare tutto e tutti! Ma se io quella notte a Asti-Ovest non gli gridavo di rallentare andavamo a infilarci dritti sparati sotto quel Tir olandese (NL), poco ma sicuro. E che criticavo gli spaghetti (troppo peperoncino), criticavo la sua camicia nuova (troppe righe), criticavo il suo disordine (l'altra scarpa? sarà qui sotto il sofà), criticavo il suo barbiere (è un cane, ti fa delle basette orribili).

Anche se già mia madre e mia sorella me lo dicevano sebbene in altri termini, perché rompicoglioni fa "pistina" in dialetto: sei una pistina, sei una criticona impossibile, e mi chiamavano il sergente maggiore, si mettevano sull'attenti per l'ispezione. Ma andate un po' a...

E d'altra parte se una è fatta così è fatta così (un concetto che li fa impazzire) e in più qui nell'Arma tutta questa rompicoglioneria, questa pistinaggine è apprezzata da colleghi e superiori, si chiama "spiccato spirito di osservazione", così diceva un rapporto su di me, prendi e porta a casa. Che serve a vedere la mosca nel minestrone? Nossignore, serve a vedere la mela, cioè che dal vassoio di frutta di marmo lì sotto lo scalone manca una mela.

«Gilardo.»

«Dimmi.»

«Secondo me manca una mela. Nel quadro di sopra c'è una mela che qui non c'è.»

Le due donne erano sulla porta, abbiamo chiesto a

loro. No, no, la mela ci doveva essere, non s'era spaccata, non s'era persa, fino all'altro giorno era lì in mezzo alle banane, alle pere, alle pesche. Siamo andati su a prendere il quadro con la mela, abbiamo fatto il confronto.

La piramide era un po' diversa, nel quadro la banana spuntava più a sinistra, di fichi neri se ne vedevano bene due, l'ananas stava proprio in cima. Di mele ce n'erano tre, una gialla, una verde e poi la rossa. Era la rossa che mancava. Potevano averla presa i bambini? No, assolutamente, con quell'artiglieria di marmo era vietatissimo giocare. Fatta cadere dai domestici peruviani che poi non avevano detto niente? No, impossibile: era Felipe che spolverava col piumino e Felipe aveva la mano leggerissima, un vero Debussy del piumino, non poteva aver fatto cadere lui la mela. E allora? Allora qualcuno l'aveva presa ma per farne cosa? Un souvenir? Ma te lo immagini un assassino che usciva dalla villa con la mela in tasca, in mano? Se lo chiedeva Gilardo sulla porta quando ce ne siamo andati e me lo chiedevo anch'io salendo in macchina con le due donne.

La barista

Ora: 21.05

Xxx Chris amore dove 6?

Ora: 21.07

Xké hai staccato? Ho tante cose da dirti. Stamattina, è successa 1 cosa pazzesca, 1 caso + unico ke raro, da nn credere e difatti nn ci credo finké nn

... completamento del messaggio in corso

te lo racconto amore nn ci posso credere anke se domani lo leggerai sul giornale (anke se tu nn lo leggi mai)

Ora: 21.12

Ma se mi kiami te lo racconto da testimone-kiave, xké la tua Mara è qlla + informata sui fatti è lei ke ha fatto la scoxta. Ma nn ti dico altro

... completamento del messaggio in corso

x nn rovinare la bella (brutta, xò) sorpresa. Rikiamami subito dovunque tu sia. Xxxxxx

Ora: 21.15

Anke Nerino ti aspetta vuole il calduccio del tuo caterpillar e le tue carezze.

Ora: 21.29

Xxx Ma dove 6 finito perké nn ti fai vivo, nn hai mica avuto 1 incidente, 6 mica in ospedale?

Ora: 21.32

Se nn kiami mi spavento, passo 1 notte da skifo a preoccuparmi ke 6 ferito o kissà cosa, amore.

Ora: 21.35

O magari 6 con una, tipo 1 zoccola troia puttana cme qlla di stamattina in ql fosso, ke possa crepare anke la tua, va'. Nn dirmi ke sono gelosa xké tanto lo sono,

... completamento del messaggio in corso

cme lo 6 anke tu, senza motivo (x ora). Rikiamami, nn fare il defi. Xx

Ora: 21.54

Insomma ke succede? 6 morto? Me l'hai già fatto altre volte qsto skerzetto di sparire e staccare il cell e mi piace sempre di – sai amore?

Ora: 21.57

Nn lo sopporto +!

Ora: 22.05

E proprio in 1 giorno cme qsto ke ho i nervi a pezzi dopo la caserma e tutto, anke se mi hanno trattato bene, sono bravi ragazzi e gentili cme invece certe xsone nn sono x niente.

... completamento del messaggio in corso

Lo so ke tu nn li puoi vedere e qlla tagliatella rossa sui pantaloni ti fa vomitare ma se sono mettiamo alti e biondi la divisa gli sta benissimo, niente da dire.

Ora: 22.10

Ora smetto, nn ti kiamo +, aspetto ke arrivi da me direttam, dalla tua Mara ke se ne sta qui in tanga greggio di Libia (ho messo qllo, amore) e nada mas. Vieni. Corri. Xxx

Ora: 22.14

Ma allora ke kazzo è il ns rapporto, cosa significa? Tu sai ke nn ho idee matrimoniali, visto cme è girata ai miei e a mia sorella, e nemmeno penso

... completamento del messaggio in corso

a 1 convivenza stabile cme vogliono tti quei gay. Ma 1 certa stabilità ci vuole dopo 8 mesi, ti pare? Sapere dov'è il tuo compagno la dom sera. E il sabato? Lavoro nn può essere

... completamento del messaggio in corso

anke xké tu di lavori ne hai già cambiati 4 o 5, nn trovi mai qllo giusto, il pony nn andava, la pizzeria ti sfruttava, l'elettrauto x carità, la panetteria aveva 1 orario disumano, e allora cosa?

Ora: 22.17

Alle volte mi kiedo, e lo kiedo anke a te, se nn 6 x caso 1 puro e semplice fagnano, 1 ke cerca solo 1 kiodo x appenderci il cappello (da baseball).

... completamento del messaggio in corso

Be', te lo dico kiaram: mio kiodo nn disponibile, kiaro? No illusion, amore. Io qui me ne sto benissimo col mio Nerino e basta e la fatica ke mi costa.

Ora: 22.21

No, niente kiodo, ficcatelo bene in testa e va' a cercartelo da qlke altra cretina, ke io cretina nn sono, nn fino a ql punto, kiaro?

Ora: 22.25

Adesso stacco, mi tolgo qsto tanga di merda, mi metto il bel pigiamino a tulipani azzurri, vado a dormire e amen. Kiaro?

La carabiniera

Così le ho accompagnate io all'aeroporto, qualcuno doveva farlo, l'Arma non si tira indietro in questi casi. Premurosa e gentile, al servizio del cittadino in circostanze delicate. Ma anche mica scema: già che ci siamo diamo un'occhiatina ai coinvolti nel momento critico, vediamo un po' le reazioni a caldo. E io avevo già in memoria lo sguardo dell'attempata, della Beatrice, all'obitorio. Uno sguardo strano, ma va' a capire in che senso. Stupefatto? Inorridito? No, piuttosto di totale desolazione, di pietà universale, come dire: ma guarda quanto hai fatto per tirarti fuori (povera Milena) per poi finire così! Ovvero, più in generale: tutti gli sforzi che uno fa nella vita non servono a niente, finiscono in niente.

La Beatrice non si era cambiata (non era casa sua, chissà dove abita), la figlia s'era messo un completo pantaloni blu scuro di gabardine, borsa e scarpe in tinta, e s'era ritruccata e rinfrescata con un profumo più secco, pungente. Mi sono sentita sudata fradicia, e lo ero.

Le abbiamo accompagnate noi, con una nostra macchina, Nazza al volante. Là dietro le due donne non hanno si può dire aperto bocca per tutto il tragitto. La più vecchia a un certo punto ha preso nella sua la mano dell'altra, poi le ha chiesto dei bambini, che erano col padre a Courmayeur e stavano bene. Sottinteso: bisognerà dare la notizia della povera Milena anche a loro, che su e giù per le scale la vedevano da almeno due anni e le erano di certo affezionati. Prima come bambinaia e poi come moglie del nonno. Ci sarà una parola per questo grado di parentela? Nonnastra, forse. Ma certo suona male. Come sarà stata la nonnastra con quei due bambini? Dolcissima, di sicuro. E anzi, sarà stato uno dei buoni motivi del matrimonio, a parte le tette. Coi bambini è meravigliosa, li sa prendere, la adorano. E quindi di corsa all'altare.

Volevo chiedere alle due dietro di me dove si fossero sposati, se l'avevano fatto zitti zitti in municipio e poi un cappuccino a casa, o se c'era stata una fiorita cerimonia in chiesa e un grande party al Circolo del Golf, magari. Ma non era il momento e del resto stavamo arrivando. Ci hanno fatti passare nel settore riservato ai voli privati e Nazza è andato a informarsi sull'ora. La Camilla è scesa e si è accesa una sigaretta, l'altra è rimasta in auto con me.

«Una brutta storia» ho detto tanto per dire qualcosa.

«Orrenda» ha sibilato lei. Poi ha tossito e ha ridetto con voce normale: «Orrenda».

Siamo rimaste lì un dieci minuti a guardare l'aeroporto appiattito sul buio, segmentato da luci bianche, gialle, rosse, alcune ferme, altre che lampeggiavano inutilmente festose. Passavano ogni tanto a zig zag dei mezzi dello scalo, un grosso autobus snodabile vuoto, due o tre jeep, un'autocisterna argentea. Nazza è tornato a dirci che l'aereo era in arrivo e difatti abbiamo visto quasi subito le sue piccole luci di posizione che scendevano leggere nel buio, correvano su una pista, si fermavano a cento metri da noi.

La figlia è risalita in auto e siamo andati tutti insieme verso il piccolo aereo bianco, che già abbassava la scaletta. Lo sportello si è aperto e il papà è apparso nell'ovale, ha cercato con gli occhi in giro, è venuto giù. La figlia è corsa ad abbracciarlo e sono rimasti lì stretti, fermi, per un po'. Lei piangeva. Poi è toccato all'altra. La luce era scarsa e vedevo male la faccia di lui, i capelli quasi bianchi, lunghi, ondulati, e le rughe che segavano l'abbronzatura, la fronte alta. Un bell'uomo, ancora, che non piangeva e nemmeno doveva aver pianto in aereo. Mi ha stretto la mano con una certa energia senza parlare, gli occhi disoccupati. Ma dopo che Nazza ha ritirato la valigia e la sacca dei bastoni e siamo risaliti in auto, lui s'è messo dietro, nel posto di mezzo, si è lasciato andare all'indietro e si è coperta la faccia con le mani.

«Me l'hanno ammazzata» ha detto, come per convincersi, «Dio... Dio... Che idiota... Niente, non ho fatto niente...»

Singhiozzava a secco, il calore delle due donne ai suoi lati l'aveva disarmato completamente, come spesso ho visto succedere. Cosa potevo dire? Li prenderemo? Gliela faremo pagare a quei bastardi? Non sarebbe stato nemmeno vero, otto volte su dieci non li prendiamo, i bastardi, svaniscono in Albania, in Romania, in Ucraina o addirittura restano tranquillamente qui con documenti falsi, cambiano solo città.

Poi tutto a un tratto si riscuoteva, ridiventava il banchiere, l'uomo di comando.

«Ma Dragonero...? Avrà fatto il suo lavoro Dragonero?»

Io chiedevo e mi spiegavano che Dragonero era il giardiniere, incaricato di sfoltire la siepe, soprattutto intorno alle telecamere.

«Io gliel'ho detto» diceva la Beatrice «ma è colpa mia, non ho insistito, non ho controllato...»

«Quel deficiente, quell'incapace» diceva il banchiere. «Sa benissimo cosa deve fare ma qualsiasi cosa te la... Sono anni che... E insomma non si vede niente, è così?» rivolto a me.

«Solo foglie.»

«Inaffidabile. È gente che è diventata inaffidabile, ma domani...» Ma poi si riaccasciava, scuoteva la testa. «Gli anni passano anche per lui, sta invecchiando...»

Dopo l'obitorio (ha voluto vederla a tutti i costi un'ultima volta, restando impassibile) si sono messi a parlare del funerale, c'era il problema della funzione religiosa, Milena era ortodossa, ci voleva probabilmente un prete ortodosso, una chiesa di rito ortodosso. L'amica Beatrice ha detto che ci pensava lei, conosceva qualcuno. E poi la sepoltura. Ma lui ha subito escluso di rispedire la salma in Romania, la voleva sepolta qui, era sua moglie, era stata sua moglie, oltre al fatto che al suo paese sperduto da qualche parte laggiù non gliene fregava niente a nessuno, di Milena.

«Questo non possiamo dirlo» diceva la figlia, «aveva una famiglia, padre e madre, due sorelle...»

«Bella famiglia» diceva lui tra i denti, «guarda come l'hanno aiutata, protetta...» Ma lo diceva a uso proprio. Era lui che non aveva saputo proteggerla, se l'era lasciata ammazzare, non era bastato l'anello al dito, non erano bastate la villa alla Crocetta, la cancellata, la siepe d'edera con le telecamere. Non era stato capace di salvarla, alla fine, il banchiere, il golfista in Lacoste rossa e giubbino di daino.

«E per i giornali, per i media» ha detto lui, «cosa si fa?»

La figlia ha sospirato, «e cosa vuoi fare, stavolta non c'è niente da fare, ci si butteranno sopra».

La Beatrice diceva che per "La Stampa" se ne poteva occupare lei, chiedere un minimo di riserbo, ma con gli altri e con le tv non si poteva evitare, bisognava aspettarsi il peggio. Ma al portone di casa, casa di Beatrice, mentre mi ringraziavano (la figlia mi ha quasi abbracciata) io avevo in testa una cosa sola: "stavolta". Perché "stavolta"? C'era stata un'altra volta?

La bidella

Ma te come comprendonio sei proprio, diceva il mio Cesare con tutti i giornali aperti sul tavolo di cucina. Ma non ti entra che lo fanno per te, di non mettere il tuo nome, lo fanno per proteggerti, per tenerti fuori dal brutale omicidio.

E mi viene a parlare di comprendonio a me, quando il suo è sgonfio come le gomme della sua bici, per non dire altro. Perché è chiaro come il sole che dal brutale omicidio io sono già fuori comunque, non c'entro niente, non ho visto niente, giusto il cadavere nel fosso, punto e basta, va bene? E conseguentemente, anche se mettevano le mie generalità complete, Covino Angela, di anni cinquantasei, professione bidella, ventitré anni di servizio presso l'Istituto G. Delessert, a me non mi faceva né caldo né freddo. Anzi, così vedevo che effetto facevano stampate sul giornale prima che arriva Catlina con la sua falce con relativo elenco dei nati e dei morti a Torino, o magari in un bel necrologio della scuola (ma ci spero poco).

E Cesare l'ho spedito a comprare non solo "La Stampa" ma anche i giornali di Milano e Roma, dato l'impatto nazionale della tragica vicenda. Moglie di banchiere strangolata in un fosso, e io, Covino Angela, che l'avevo rinvenuta.

Invece niente nomi. Uno dice: "La donna che ha

segnalato la presenza del cadavere", un altro: "Secondo una testimone, A.C.", un altro si butta via: "Una signora (tante grazie!) informata sui fatti è stata lungamente interrogata dai carabinieri". Glielo dirò lo stesso, a quel macaco di Suppo, che sono io in persona la signora suddetta, ma se se lo vedeva stampato nero su bianco faceva un altro effetto.

In ogni modo una delusione, questi giornali, bisognerà aspettare i settimanali. La foto della vittima non so dove l'hanno pescata ma certo è ben diversa dalla faccia che ho visto io in quel posto. Qui è una faccetta normale (non "bellissima" come scrivono loro) e te la devi immaginare col trucco da puttana, la minigonna da puttana, gli stivali da puttana, a fare la sua bella figura sul marciapiede a 50 euro al colpo, anche meno. Dice che non lo faceva più, che l'aveva tirata fuori quel prete, don Traversa, che quel banchiere s'era innamorato e alla fine se l'era sposata. Redenta. Una nuova vita. E allora come mai?

Io a questa storia della nuova vita ci credo poco, perché a queste qui, se permetti, il cosiddetto rapporto gli deve piacere mica male, se lo fanno e rifanno di giorno e di notte. Dev'essere come coi bambini sullo scivolo nel cortile della scuola, che quando cominciano il su e giù non la finiscono più, ci vuole altro che il fischietto per farli smettere.

E lui, il marito, a me non me la contano, il marito è il colpevole, nove su dieci. Ma se ha un alibi grosso così, dice Cesare, era in Sardegna, cosa vai a pensare. Vado a pensare che per uno così, per un banchiere miliardario ci vuole niente a prendere l'aereo privato, tornare un momento a Torino e ripartire dopo il brutale omicidio.

Ma fatti furba, l'aereo anche privato non è mica come la bicicletta, devi dire dove vai, a che ora, chi ci sta sopra, è tutta una procedura, ti controllano col radar ogni momento. Be', a parte che la procedura quella gente lì la salta come vuole, hanno sempre degli amici per non fare mai nessuna coda allo sportello, a parte questo, chi ti dice che non abbia pagato un killer? È un banchiere, è pieno di soldi, cosa vuoi che siano cento o duecentomila euro per far fuori la moglie? E lui intanto è bello pulito in Sardegna a giocare a golf, il mandante. Sì, dice Cesare, e allora spiegami perché il mandante l'avrebbe fatto, gentilmente spiega tu il motivo, il movente.

Semplice: lui ha scoperto che lei continuava a fare la puttana e l'ha fatta fuori.

Ma tu cosa ne sai, chi te l'ha detto, lei era uscita dal mondo del vizio, si era salvata e oltre a tutto non aveva più nessun bisogno, di battere, era ricca sfondata anche lei, chissà quanti regali le faceva il marito, villa alla Crocetta, macchina di lusso, la cuoca, due o tre domestici, perché cavolo doveva rimettersi a fare la vita? Era diventata un'altra donna, poveretta, era riuscita a tirarsi fuori, a redimersi.

Poveretta poveretta. Chissà perché gli uomini si commuovono tanto sulle puttane? Ci vanno, se le sbattono in macchina, nei prati, nei cessi, e intanto gli fanno pena, le vogliono redimere, glielo mettono dentro davanti e darè e intanto giù lacrime sull'angelo caduto. E quelle, figurati, se li rigirano col bambino di due anni rimasto in Ucraina, col nonno paralitico rimasto in Moldavia, con la sorellina nelle mani dei puttanieri.

Ma te, ho chiesto a Cesare, ne hai mai conosciute che hanno veramente cambiato vita?

Io non ne conosco, fa lui, mani avanti, né così né cosà, non ci parlo, non le vedo nemmeno, sono donne che è meglio starci alla larga. Bravo. Ma se un domani succede che ti metti a fare il picio con un angelo caduto dall'Ucraina e la vuoi salvare, ti dico già subito che da me non ti salva nessuno, mi sono spiegata?

La giornalista

Avrei dato non poco (non però la pizda, intendiamoci) per poter passare la notte nel Centro di recupero a fare quattro chiacchiere con quelle redente o in via di. Ma i miei rapporti con la lacrimante Lucia s'erano ormai guastati e poi comunque un'ospite di passaggio e priva di un degno curriculum era probabilmente esclusa dai loro regolamenti. L'ospitalità me l'ha offerta sogghignando Semeraro, single con bilocale, e sogghignando ho declinato. Ormai la cosa importante me l'aveva detta, che questa Milena era diventata la moglie di un ricco banchiere; e non era nemmeno uno scoop, a quest'ora una cosa del genere la sapevano tutti, dai carabinieri all'ultimo cronista di nera. Dovevano esserci già dieci telecamere davanti alla casa del vedovo. Che facevo? Riprendevo la mia vecchia Punto e tornavo a Torino a far numero su quel marciapiede (alla Crocetta, ho subito controllato)?

Visto che ormai ero qui in mezzo alle rane ho pensato che tanto valeva passare domattina un momento da questa rosticceria di Novara, dove Milena aveva trovato il primo lavoro uscendo dal Centro. Non al banco a servire polli arrosto e lasagne, quello no, meno gente la vedeva meglio era, poteva sempre capitare di passaggio qualche vecchio cliente o qualcuno dei suoi antichi protettori. Ma c'era una madre o una suocera con l'Alzheimer, e lì, a quell'onesto capezzale, avevano sistemato Milena.

Come mai non c'era rimasta?

Così, mentre tutti gli altri facevano la coda a inquadrare il cancello del vedovo, io avrei avuto dei testimoni parlanti, gente che l'aveva conosciuta da vicino. Non che il canale per cui lavoro vada matto per le news, trasmette al 95% pubblicità di pentolame, mobili, fattucchiere, auto di seconda mano e dopo mezzanotte donne nude che si strizzano i capelli e i capezzoli sotto la doccia. Ma la puttana misteriosamente uccisa in periferia (strangolata, bruciata, pugnalata) un suo discreto valore di mercato ce l'ha sempre; e se poi capita che è pure la moglie di un importante banchiere, siamo in onda! Ho chiamato la redazione (tre gatti) a Torino, ma non c'era più nessuno, figurarsi. La notizia l'avevano data con la mia intervista alla ragazza del bar che aveva scoperto il cadavere (180 secondi). E poi tutti a nanna per far posto alle pseudo-lesbiche in azione. Forse nemmeno lo sapevano, del banchiere.

Perciò sono andata a Novara sola soletta, da vera free-lance, che poi al mio livello vuol dire che sono liberi, free, di pagarti gli eventuali rimborsi-spesa quando vogliono loro e quanto vogliono loro. Sono battaglie alla morte per strappargli una pizza, una rana.

Semeraro, sempre viscido (viscido? no, forse solo furbetto, furbastro, di quelli che vicino a qualsiasi donna si sentono in dovere di provarci, così, come si mettono le dita nel naso) ma comunque gentile, mi ha dato l'indirizzo della rosticceria e consigliato un alberghetto a una sola stella dietro la stazione di Novara. Un buco, però pulitino, decente, dove ho dormito su un materasso da sostituire con uno di quelli che si vedono negli spot (venti, trenta, cinquanta al giorno) della mia emittente Teleschifo.

Li ho richiamati dopo il caffè, gli ho detto del banchiere, ma già lo sapevano, tutti i giornali ne parlano, non solo banchiere, ma dieci consigli di amministrazione, cariche di qua e di là, consulenze a palate, un uomo importante, uno scandalo super, corri qui alla svelta. No, signori, io sono a Novara e qui resto, qui seguo una mia pista. Ma quale pista, Tiziana, fammi il piacere. Ciao, poi vi faccio sapere, ciaociaociaociao. Ciao.

Ho preso su la telecamera, sono andata in cerca della pizzeria-rosticceria e l'ho trovata in pieno centro, zona strapiena di uffici. Porta a battente unico e una sola vetrinetta dove riposavano due polli della terza dinastia egizia, sparse patate al forno, qualche arancino di riso, tutta roba del sabato. Dentro, era una specie di lungo corridoio con il banco, i tavolini di plastica nera contro il muro e a metà due forni, uno a legna e uno elettrico, ancora spenti. Un buco fuligginoso, anche se dovevano aver dato di recente una mano di bianco.

Il padrone era un omettino secco secco, Melis, un sardo, che ancora non sapeva niente di Milena, leggeva il giornale a metà pomeriggio, non ascoltava la radio. Molto di chiesa, mi aveva detto Semeraro, e per questo don Traversa aveva affidato a lui la ragazza alla sua prima uscita nel vasto mondo (mi raccomando, Melis...).

Il locale era quel che era, ma ben piazzato per via degli uffici e nelle ore giuste doveva essere strapieno di clienti e la cassa strapiena di euro. Milena? Ah, ma cosa mi dice, povera ragazza, che brutta fine, lì da loro era stata otto o nove mesi a badare alla suocera malata, molto malata, che aveva bisogno di tutto, se ne stava un po' a letto e un po' sulla poltrona, non parlava più ma ogni tanto si metteva a gridare, gridava e gridava...

È entrata la moglie, la Melis, che veniva dalla spesa

coi suoi sacchetti. Subito sulle sue, naso in alto a fiutare guai. Una giornalista, eh? Ha posato i sacchetti su un tavolino senza offrirmi la mano né niente. Di Milena lei sapeva già e non ne voleva parlare, non aveva niente da dire, era roba di due anni fa, una brava ragazza, peccato per quella brutta fine.

Ma com'è che era andata via da qui, da questo buon posto? Troppo lavoro? No, no, il lavoro non le faceva paura, non si tirava mai indietro, se ne stava lì tutto il giorno con la mamma, le teneva la mano, la faceva bere col cucchiaino, la puliva, la rigirava...

Non da sola, diceva il marito, non aveva abbastanza forza, certe volte andavamo su io e mio figlio a darle una mano, mia suocera è una donna piuttosto pesante, sa, e allora...

Ma dov'era sistemata, dove abitava?

Qui di sopra, diceva la Melis, in soppalco, nella stanza della mamma c'è questo soppalco, e lei aveva solo da scendere pochi gradini così se la mamma aveva bisogno la notte, se la sentiva respirare male, o gridare, era sempre pronta.

Un buon posto, dicevo io (e pensavo, coraggio ragazze scendete dal marciapiede che qui vi aspetta il cassonetto dei rifiuti organici) un posto sicuro, protetto. Ma allora come mai se n'era andata Lady Nightingale? Era... deceduta la vecchietta? No, la vecchietta adesso era ricoverata in un centro specialistico, in campagna, dalle parti di Borgomanero, ed era molto ben assistita, costava un po' caro, anzi costava parecchio, ma c'erano medici e infermiere professioniste, non che Milena non fosse...

Ma poi, dalla porticina interna là in fondo che dava sul cortile è entrato un ragazzo con gli occhi semichiusi, una canotta nera, grossi bicipiti, che non ha salutato nessuno. Il garzone. Il fuochista. Quando però la donna gli ha fatto un cenno col mento ho capito che doveva essere il figlio. Lui ha visto la mia camera a spalla e ha detto: «È per Milena?» con una smorfia.

La madre s'è morsa il labbro e io sotto coi sorrisi e col compianto, sì, per la povera Milena, raccoglievo testimonianze, gente che l'avesse conosciuta, che ci avesse lavorato, una piccola intervista. No, per carità, nessuna intervista, era roba vecchia, roba di due anni fa, diceva la madre sempre più arcigna, e tu va', va' a prendere quella roba, è già tardi, su, va'. Il ragazzo è arrivato fino alla porta sulla via, si è girato, mi ha guardato fisso, poi ci ha ripensato, non ha detto niente, è uscito sbattendo.

Era quella la spiegazione, certissimamente. S'era innamorato di Milena, la bellissima, le stava addosso, o lei stava addosso a lui, la voleva sposare, o se la scopava nel retro, insomma c'era stata una storia e lei li aveva mollati o loro avevano chiamato il prete, l'avevano fatto intervenire, via dai polli, fuori dalle palle di riso, una puttana resta sempre puttana, un ragazzo come il mio che si mette con una così, ma siamo matti. Scacciata dal villaggio, la peccatrice irrecuperabile. Ecco il perché e il percome, e tanti saluti al caro don Traversa.

Ho cercato un po' di farmi dire, ma come l'avevano sostituita, la Milena, dov'era poi andata, prendendola alla lontana, ma Melis trafficava dietro il banco con le casse di minerale e la megera non ricordava più niente, non aveva niente da dire, arrivederci.

Che facevo? Tornavo a Vercelli da Semeraro? Riprovavo con la Lucia? Intanto però un caffè non poteva che farmi bene.

La figlia

Ti cade di mano una tazzina. Niente di grave, può succedere a chiunque, è normale. Ma quando poi tutto è finalmente chiaro tu impazzisci per cercare di ricordarti quando è cominciato, il giorno, l'ora, il momento esatto, quale tazzina. Ma è troppo tardi e comunque a cosa servirebbe. Eppure con Beatrice ne avremo parlato mille volte: quando te ne sei accorta, quando hai notato, quando c'è stato il primo sintomo sospetto.

Beatrice era allora la più vicina alla mamma, un'amica di prima infanzia. Si vedevano quasi ogni giorno, combinavano viaggi, visite, opere di bene, giocavano a bridge e a tennis, cose così. Lei era vedova, senza figli, mentre io stavo con mio marito (ex marito) e i bambini in quella scomodissima e umidissima villa in collina, sotto Superga. La mamma la vedevo in realtà poco, le portavo i bambini o era lei che veniva su da noi; ma il più delle volte ci pensava una nostra au pair a fare i su e giù, era bravissima (come si chiamava? la mamma l'adorava, una perla).

Sì, ad accorgersene per prima dev'essere stata Beatrice. Papà non notava niente, non certo per indifferenza ma perché gli uomini sono fatti così, o perlomeno gli uomini come papà. Arrivano trafelati alla loro vettura, si sistemano i bagagli, si mettono comodi e non badano più a niente: quello che dovevano fare l'hanno fatto, il treno funziona, la vita funziona, apriamo il giornale e scivoliamo via con moglie, figli, nipoti ben piazzati lassù o sotto il sedile. Egoismo? Mi pare più complicato. Papà del resto era già sul treno quando è nato, la banca del padre, del nonno, del bisnonno, con i rispettivi ritratti a olio in ufficio. Una bella dinastia. La mamma ne poteva rompere venti di tazzine prima che lui se ne accorgesse.

Così è stata Bea a mettere insieme i piccoli "incidenti" della mamma: una forchetta che le cadeva nel piatto, la sigaretta che le cadeva sul tappeto, un guanto che faticava a infilarsi. La mamma aveva allora cinquantadue anni e stava benissimo. Diceva: ma guarda che scema, che goffa, e tirava su la forchetta o il dinosauro dei bambini. Ci sono voluti mesi, anni, perché Beatrice avesse i primi dubbi.

Ne ha parlato prima di tutto con me, preoccupata ma non allarmata, sai, ho notato che, mi sembra che, forse esagero ma ho l'impressione che. A papà ho parlato io e poi con lui (subito deciso, come al solito) ne abbiamo parlato alla mamma. Lei cadeva dalle nuvole, ma che idea, non capisco, non vedo, io mi sento benone, sono cose che capitano a tutti, sarò distratta, sarò un po' pasticciona, mi pare che state facendo una tempesta in un bicchier d'acqua. E apriva e chiudeva le dita per dimostrarci la sua efficienza.

Ma l'ha presa male. È cominciato un brutto periodo, perché lei aveva la sensazione che stessimo controllando ogni suo gesto e lei da parte sua controllava noi e controllava se stessa. Ogni tanto la tazzina cadeva ma come fai a distinguere se è caduta così, per caso, normalmente, o invece perché il cervello non ha mandato i segnali giusti o i muscoli ti hanno tradito? E addirittura: la tazzina non poteva cadere proprio perché stavamo tutti a guardare se cadeva? Cercavamo di riderci su ma la situazione era penosa. Papà pensava al peggio, un tumore al cervello, io pensavo a qualcosa di meno tragico, chissà cosa, ma insomma un disturbo, una qualche manchevolezza passeggera. Alla fine la mamma si è rassegnata alle visite mediche, non ho niente ma non ne posso più di questo stupido giochino di spionaggio. E si guardava le mani.

Papà ha fatto venire il Lorenzi, consulente medico di tutta la banca, che alla mamma non piaceva. E il Lorenzi s'è fatto raccontare per filo e per segno (ma se non c'è niente da raccontare! s'infuriava la mamma) e ha parlato di stress, affaticamento, riposo e altre prevedibili banalità. Banalità, diceva la mamma, quello lì non capisce niente, è un cretino. Ma il cretino però ha comunque consigliato una visita neurologica, il miglior neurologo di Torino, ovviamente rotariano e tutto. Tanto per essere sicuri. La mamma si è sottoposta, analisi, controlli, radiografie, l'odiosa tiritera. Ecco, adesso respiri, non respiri, si volti verso destra, metta i piedi paralleli qui. Lei alzava gli occhi al cielo, eseguiva docilmente, ma dentro friggeva. Il fatto è che non era mai stata malata seriamente, era convinta di non esserlo nemmeno adesso, e tutte quelle attenzioni su un corpo che se l'era sempre cavata benissimo da solo la irritavano, le sembravano ridicole. Era stizzita, più che altro. Seccata.

Quando si è visto che non c'era nessun tumore abbiamo festeggiato. La cuoca ha preparato una cena da grandi occasioni, papà impugnava il bicchiere per il gambo alzandolo al cielo come la spada di re Artù, povero papà.

Ma poi di là, nel salottino giallo, quando la mamma ha finito di bere il suo caffè senza far cadere niente, ha voluto alzarsi. S'è appoggiata ai braccioli della poltrona e ha fatto forza. Niente. Ci ha riprovato. Niente. Siamo corsi con Beatrice a tirarla su, è solo l'emozione, è lo stress, è l'affaticamento, ha ragione il Lorenzi. Ma lei, per la prima volta, era spaventata.

La migliore amica

L'infanzia, le bambole insieme, la scuola insieme, l'adolescenza, le prime cotte, le prime oscenità che ci mettevano il fou rire, il primo bacio quasi insieme. E ci siamo anche sposate a poca distanza di tempo, tutte e due vestite di bianco, con la marcia nuziale e il riso sulla scalinata della chiesa. Poi io sono andata a Londra con mio marito e lei è rimasta a Torino col suo Giacomo, il banchiere che non mi entusiasmava troppo, allora. Decide tutto lui, azzardavo. No, non è vero, protestava lei, e poi con la mia pigrizia va benissimo così, siamo fatti l'uno per l'altra.

La pigrizia. Stava lì la chiave di tutto. E quando le tazzine hanno cominciato a scivolarle di mano, è lì che mi sono fermata anch'io, al principio. La pigrizia, la mollezza, una specie di fatalismo spicciolo, languido, vada un po' come vuole.

Quando è cominciato il pericolo dei sequestri di persona, banditi o terroristi o quel che era, lei si rifiutava assolutamente di lasciare Torino con la bambina, tu pensa la scomodità, la noia disumana. Ma venite a Londra, insistevo io, ti divertirai, anche la bambina. Alla fine ha comunque deciso Giacomo: Lugano, con quel bel lago, i pedalò, la legge svizzera, l'ordine svizzero. La bambina si è presto adattata, ma lei no. Sono andata a trovarla diverse volte e si annoiava a morte, sbadigliava, usciva malvolentieri. Piove sempre, la passeggiata è sempre la stessa, non è una città, è un borgo pieno di pensionati ricchi.

Ci sono rimaste due anni, Giacomo andava a trovarle quasi tutti i sabati col Semeraro, guardia del corpo e autista della Lancia blu blindata. Poi le cose si sono un po' calmate e sono tornate tutte e due a Torino. Semeraro scortava la bambina a scuola, scortava lei (e me) nei nostri spostamenti, e per sé Giacomo aveva assunto un secondo gorilla (come si chiamava?) che è durato un po' e poi è stato assunto in banca tipo fattorino. Anch'io sono tornata, quando mio marito è morto d'infarto.

Con Fiorenza andavamo molto d'accordo, che bella frase. Ma che cosa esattamente sia l'amicizia resta un mistero. I gusti in comune? Storie. Le affinità o le differenze di carattere? Lo stesso modo di vedere le cose? I consigli reciproci? Altre belle frasi. La cosa più probabile è che dalle due parti ci sia la stessa certezza istintiva, assoluta, che l'altra non ti giudicherà. Puoi dirle qualsiasi cosa dalla suprema scemata al segreto più intimo, e sarai criticata, disapprovata, magari insultata, ma non da un giudice. La totale libertà di parola, insomma. O forse quel senso di irresponsabilità, di spensieratezza che è il bello irrecuperabile della giovinezza.

Noi eravamo ormai due signore, pronte però ancora al fou rire, al marameo dietro le spalle altrui. E a tirarci fendenti impietosi l'una contro l'altra, se era il caso. Un vestito, una pettinatura, il marito sempre in banca o a certe serate dove lei non poteva mancare. A volte, inevitabilmente, toccava anche a lei organizzarle, queste serate sfavillanti e mortali. È troppo, non posso, non me ne frega niente, non li sopporto, è sempre la stessa gente; e si stirava sbadigliando sulla poltrona. Sei pigra, sei solo pigra, tirati su, sono obblighi da niente e hai la casa piena di servitù, in realtà non devi muovere un dito.

Quando non è riuscita a tirarsi su da quella poltrona s'è spaventata lei ma anch'io ho avuto paura. Non era un tumore, d'accordo, ma la testa c'entrava per forza in qualche modo. Voglio dire il cervello. Ne ho parlato con Camilla e con Giacomo e Giacomo s'è coperto la faccia con le mani, in senso figurato. Non ne voleva sapere, di quel tipo di male. Qualunque cosa, anche il cancro, la tisi, la febbre gialla, ma non gli parlate di psiche, inconscio, complessi, analisi e roba del genere. Per lui erano solo parole flottanti, titoli bidonistici senza copertura. Ma io non potevo lasciare la mia più cara amica in quello stato.

È cominciata la serie dei luminari psichiatrici, prima a Torino, poi a Milano, a Parigi, a Zurigo. L'accompagnavo io, stavamo lì qualche giorno, e il luminare la visitava, le faceva fare i soliti esami, le parlava, la persuadeva a curarsi. A volte con le pillole a volte con le sedute sul lettino, o le due cose insieme. Ma non saltava fuori nessuna terapia efficace, le tazzine cadevano e lei si stufava del luminare di turno, cosa sto qui a perdere tempo con questo idiota? Smarrita, quasi rassegnata, ma sempre molto lucida. Il cervello funzionava, malgrado tutto.

Sono stati anni veramente neri. Né lei né io ne potevamo più di sentir parlare di coraggio (si faccia coraggio, signora, ci deve mettere lei una spinta positiva) e ancor meno dei traumi rimossi dell'infanzia e dell'adolescenza. Quali traumi? mi diceva lei ridacchiando davanti a una fettona di Käsetorte. Non ho traumi da tirar fuori come conigli dal cilindro, stiano senza, facciano a meno dei miei traumi, les cons. Ma il boccone di torta era troppo grosso, masticava con difficoltà, le mascelle stentavano, e di lì alla fine è venuta la diagnosi.

Non un luminare, ma com'era in fondo prevedibile, un dottorino (quarantatré anni in realtà) amico di un'amica di Camilla, che a volte giocava a golf con Giacomo la domenica mattina. Giacomo era disperato, incupito dall'impotenza, dall'impossibilità di intervenire, agire, il peggio assoluto per uno come lui. E picchiava così forte coi suoi bastoni che le palline si perdevano sempre chissà dove nel sottobosco. È stato lui a invitare a casa il dottorino, e quello ha visitato, ha interrogato, ha riflettuto, ha detto che poteva anche trattarsi – era solo un'ipotesi, una fra tante possibilità – di miastenia, una parola che non avevamo mai sentito. Miastenia grave, pseudo-paralitica. Progressiva, naturalmente. E naturalmente incurabile.

La carabiniera

Queste schiave del sesso saranno senz'altro da compiangere ma insomma all'origine c'è quantomeno una overdose di dabbenaggine, per usare una parola indulgente. Tutta quella fiducia nel fidanzato, nell'amico, che se le porta in Italia con la promessa di un buon lavoro e poi sparisce dopo averle vendute ai criminali. Picchiate, violentate, messe velocemente sul marciapiede. E chi se lo immaginava, chi poteva prevederlo, io tutto mi aspettavo meno che questo. Be', con un minimo di fantasia, bambine mie, ma proprio un minimo, ci si poteva arrivare. Illusioni giovanili, d'accordo, e tutte le abbiamo avute, tutte ci siamo cascate. Ma per cascare in un simile tritacarne bisogna essere cieche, sorde, piuttosto cerebroscarsine.

Questo pensavo davanti ai responsabili del Centro di Vercelli, le due donne e il prete, don Traversa, la direttrice o coordinatrice Maria Ludovica e una specie di volontaria o suora laica di nome Lucia, col naso rosso per allergia da pollini o pianto irrefrenabile. La povera Milena anche qua e toccava a me indagare sul passato della vittima, come scrivono i giornali. Vacci tu a Vercelli, Rita, che vuoi sempre sapere tutto.

E così mi hanno spedita, togliendosi la scocciatrice dai piedi. In borghese, con la mia auto personale (e i rimborsi chissà quando) e con il collega Nazza in borghese anche lui. L'idea era di non attirare l'attenzione sul Centro, con le macchine di servizio e le bandoliere bianche lì davanti. Tatto e discrezione, quella casa va protetta dai curiosi. Peccato che a Vercelli l'Arma sia meno delicata. C'era una loro auto in bella vista di fronte al cancelletto, e un collega nel giardino a montare la guardia, gli mancava solo il pennacchio. Volevo dirgli di occultarsi almeno dietro un cespuglio ma poi ho lasciato perdere, a volte mi scoraggio, penso che queste nostre segretezze siano inutili, tutti sanno sempre tutto comunque.

Milena, al Centro, si era sempre comportata benissimo, non era mai scappata. Perché alle volte scappavano? Alle volte sì, diceva il prete sospirando, alle volte hanno delle crisi, si sentono prigioniere, questa vita da collegio, da caserma, le deprime, ping-pong oggi, ping-pong domani, cucinare, tenere in ordine, lavorare a far pupazzi di stoffa, ritagliare cartoni colorati, si capisce che alcune si ribellano, spariscono. Ma le altre, quelle che si salvano, dicevo io, si vergognano della vita che hanno fatto? È una cosa che le fa star male, le tormenta?

La direttrice ci pensava su, diceva: be', quando arrivano sono contente, sollevate, è finito l'incubo, la paura è passata, e per un po' sono tranquille, docili, si godono anche le più piccole cose di questa vita in comunità. Sono quasi tutte molto religiose, diceva il prete, e pregano molto. Lei dice la vergogna. Sì, la vergogna c'è, c'è il pentimento, ma nelle più orgogliose, nelle migliori, quel che resta per sempre è il rimorso di essersi buttate in una cosa tanto stupida, di essersi fatte menare per il naso, di non aver saputo riconoscere...

Il Diavolo, suggerivo io. Sì, appunto, Satana, sorrideva lui. Per le migliori è quello il vero trauma. Il corpo recupera, dimentica. Ma l'anima no, l'anima è umiliata nel profondo. Più o meno il mio concetto, pensavo io, detto con altre parole: fai una cavolata colossale e non te la perdoni mai più.

Noi lavoriamo su questo, non tanto sul peccato, quanto sull'orgoglio ferito, spiegava il prete. Può sembrarle strano che sia io, un prete, a puntare sull'orgoglio, non so se san Benedetto sarebbe tanto d'accordo. Ma queste donne sono già state umiliate abbastanza, sono a pezzi, non gli resta più uno straccio di dignità, non sono più niente e nessuno. E a quel punto l'orgoglio diventa un fatto positivo, lei capisce. Le aiuta a uscire dal pozzo, dalla fogna.

E Milena ce l'aveva, l'orgoglio? Ce l'aveva sì, ed era anche molto intelligente, cosa che non guasta. Be', diceva la direttrice scuotendo la testa, l'intelligenza è il primo requisito, in realtà. Devono capire bene il disastro che hanno combinato, poverette, e provare vergogna, rimorso, e poi allora entra in funzione l'orgoglio: io non sono così, io voglio dimostrare che non sono tutta lì, non sono una merce qualsiasi, mi riprenderò, mi rifarò, ridiventerò una persona. Con l'aiuto di Dio, diceva la suora laica, e le tremavano le labbra.

Bei discorsi filosofici, ma Milena come c'era arrivata, al Centro? Chi l'aveva tolta materialmente dal marciapiede?

La suora laica, la Lucia, scoppiava in singhiozzi, era stata lei, una sera di pioggia gelida, ad avvicinarla su un viale di Milano, a offrirle l'ombrello, cominciare a parlarle, come facevano sempre lei e le altre volontarie insieme a don Traversa. Attaccavano discorso e certe volte, certe rare volte, andava bene, le ragazze si aprivano, raccontavano, avevano paura ma intanto però una piccola luce si accendeva...

Soffiati il naso Lucia, per favore, diceva la direttrice, vedi un po' di frenarti, santo Signore.

E non c'era un protettore, una banda di sfruttatori che la controllava? chiedevo io. C'era sì, era un albanese, un ceffo clandestino espulso dall'Italia tre o quattro volte e sempre tornato tranquillamente, anzi, mai neanche partito. Janko, un certo Janko, se pure era il nome vero, che l'aveva comprata da tre rumeni, che a loro volta l'avevano comprata dall'ex fidanzato. Un affare, bella com'era. Anche il Janko la picchiava, ma meno, per non rovinarle quella bellezza. E tra una marchetta e l'altra continuava a farle grandi promesse, ti metto in un night, ti faccio fare la lap dance, sa quel palo sul palcoscenico dove si strusciano e si spogliano. Ma erano parole, quello aveva troppa paura che gliela portassero via, la sua bella Milena, poteva essere uno del pubblico che s'innamorava, un avvocato, un commerciante, un vedovo...

O un banchiere, dicevo io. Già, ma il banchiere non l'ha trovata nel locale di strip, se l'è presa in casa come bambinaia, e non sapeva di dove veniva, credeva che fosse una delle solite immigrate rumene o ucraine o moldave. Non sapeva del marciapiede? No, non lo sapeva. E non l'ha mai saputo? Be', sì, a un certo punto l'ha saputo, ma le voleva bene davvero e ci è passato sopra.

Ma da chi l'ha saputo, chi gliel'ha detto?

Silenzio accigliato, o forse colpevole.

L'ha saputo da voi, siete stati voi a informarlo?

No, loro non avevano parlato per tutta una serie di motivi...

E allora come? Una lettera anonima? Una telefonata?

No, in realtà la cosa era venuta fuori durante il matrimonio, perché a un certo punto quello sciagurato, quel Janko, si è presentato al castello e...

Li ho immediatamente interrotti, ho chiamato Torino, gli ho detto di mettersi a cercare questo Janko, che a me sembrava una pista...

Ma me l'hanno snobbata subito, la mia pista. Di Janko sapevano già, già avevano attivato le ricerche. E tu intanto lì a Vercelli vedi di approfondire, di raccogliere altre informazioni, di farti un quadro più preciso, che comunque è il tuo pane.

La figlia

La mamma è ancora vissuta per poco più di un anno e a me sembrava di stare messa in croce stesa su un'incudine con un martello gigantesco, un maglio, che mi picchiava sopra come nei documentari sulle vecchie ferriere di Torino convertite nel frattempo in sushi bar. Anche perché stavo contemporaneamente divorziando, è vero.

Una nostra cugina che vive a Roma e traffica nel cinema s'era messa in testa a un certo punto di fare un film su Giobbe, una storia potentissima, una figura grandiosa, in cui tutti si riconoscono. Appunto, diceva papà, e poi affitti una catena dei principali deserti del pianeta e lo programmi lì, davanti a dune e scorpioni. Nessuno ha voglia di vedere le proprie disgrazie moltiplicate per mille. Non è vero, anzi sarebbe terapeutico, diceva Gigliola. Guardi le batoste di Giobbe e ridimensioni le tue, ringrazi per la rottura del femore e dell'anca.

Papà negava che fosse così, Giobbe ti conferma solo nell'idea negativa che la serie nera c'è, esiste, che a certe persone, te compresa, le cose vanno davvero di male in peggio, che c'è un accanimento preciso ai tuoi danni. Ma là è Dio che si accanisce, che ce l'ha con Giobbe. Già, ma tu come fai a credere che Dio in persona tira fuori la lente e se la viene a prendere proprio con te, misera formicuzza? C'è troppa sproporzione, tu non pensi che è addirittura Dio che ti rema contro, tu pensi che è pura scarogna, ingiusta, esagerata, senza senso. O ancora peggio: ti metti in testa che te la sei meritata, la serie nera, che è colpa tua perché quando è arrivato il lebbroso per farsi baciare tu hai girato la testa dall'altra parte, te la sei cavata rifilandogli due euro.

Non credeva alla scarogna, papà, non ammetteva l'accanimento personalizzato.

Io francamente non so, su una questione del genere avrò cambiato idea cinquanta volte. Ma la malattia della mamma era diventata terribile anche da vedere. Questa miastenia consiste a quanto pare nel fatto che i muscoli non lavorano più, per qualche misteriosa ragione. E quindi le gambe non ti reggono, le mani lasciano cadere le tazzine, le mandibole si fermano. Risultato orrendo: una specie di sorriso fisso che ti gela il sangue, un sorriso cascante, un crollo facciale che io non riuscivo a guardare quando passavo a trovare la mamma.

Per fortuna c'era Bea, che ha preso in mano tutto quello strazio. Assistenza totale, naturalmente: due infermiere a turni di otto ore e il terzo turno lo faceva lei. Era sempre stata bravissima anche con le iniezioni e non si tirava certo indietro quando le toccava. Sono inutili, mi diceva, ma lo faccio per tuo padre, che non sopporta l'idea di non reagire, non combattere. Faceva iniezioni anche a lui, del resto, non so più se calmanti o stimolanti, perché papà era dimagrito e nervosissimo, aveva smesso di andare al golf, in banca si faceva vedere solo la mattina, delegava di qua, delegava di là, faceva ancora ogni tanto un salto a Milano ma ogni altro spostamento, a Roma o Parigi o Bruxelles, l'aveva cancellato, e anche la ristrutturazione della sede della banca era stata rimandata a chissà quando, benché il progetto fosse pronto da mesi.

A chissà quando? No, la data limite era la morte della mamma, naturalmente. Ma prima c'è ancora stato un tentativo estremo, tre settimane in una clinica o ospedale di New York o tra New York e Boston, non ricordo. Nessuna speranza da parte di nessuno, ce lo dicevamo apertamente, ma va' mai a sapere, bisogna aggrapparsi anche alla minima possibilità. Un trasferimento pazzesco, allucinante. C'è andata Bea, con papà e mamma, e come sapevamo in partenza è stato un buco nell'acqua, dopo un paio di terapie di avaro, breve incoraggiamento.

Ritorno a Torino e alla routine più disperata, ormai bisognava imboccarla, dieta liquida, deperimento sempre più evidente, sempre con quel tremendo sorriso. Non c'era nemmeno la minuscola ipocrisia del come va oggi? un po' meglio direi. La mattina s'intravedeva una specie di barlume, la sera era un disastro totale. Finché è morta di polmonite, non so bene perché; ma così hanno detto, e se lo aspettavano, i dottori che giravano per casa. Tutto normale, il decorso era quello, quella la fine.

La carabiniera

A quel punto avrei dovuto, forse potuto, interrogarli separatamente, i miei tre reticenti. Perché reticenti erano, senza alcun dubbio.

La reticenza è una bestia che incontriamo normalmente nel nostro lavoro, ma c'è reticenza e reticenza. Quella diciamo di routine è noiosa ma non difficile da maneggiare: l'indagato nega l'evidenza e tu insisti, eri lì, no, non c'ero, e invece c'eri, ti hanno visto, non è vero, non mi ha visto nessuno, e così via finché chiede un bicchier d'acqua e ammette. (O si avvale della fottutissima facoltà, mi avvalgo della facoltà di non rispondere, una frase che hanno imparato dalla tv, ormai ci si attaccano perfino i cinesi, alla facoltà di non lispondele; e io a quella di mandalli a fale in culo, se ci fosse.)

Ma qui a Vercelli, in questo spoglio ufficio ravvivato soltanto da un crocifisso nero, senza Cristo, dal ritratto del Papa e da un'icona tipo bizantino dipinta alla meglio su legno da una delle inquiline ucraine o moldave, qui la reticenza era tutta a vantaggio di quei tre. Non erano indagati, non avevano precedenti, e io, a parte quel cadavere nel fosso, non potevo fargli pesare niente, pressarli su niente. Non si avvalevano, questi tre. Omettevano di dire e basta.

E con quale diritto li potevo dividere e interrogare

minacciosamente? In questo servizio ci sono arrivata (con non poca fatica) da poco più di un anno e in una situazione così non mi ero mai trovata. E se passavo i limiti consentiti dalla legge? E se scoppiava tutto un casino, un'inchiesta disciplinare, hai esagerato, non hai capito che la delicatezza del caso... Li ho tenuti insieme, l'ho presa alla larga.

Ma perché non se ne è tornata al suo paese, Milena, quando è uscita di qui?

Ah, poche volevano tornare a casa, scuoteva la testa il prete, a casa avevano situazioni difficili, niente lavoro, famiglie con problemi, magari quelli stessi che le avevano portate in Italia ancora lì, ancora a tormentarle.

Gli cerchiamo una sistemazione qui in Italia, in qualche brava famiglia, diceva la direttrice, e intanto vediamo di metterle in regola col permesso di soggiorno, l'ufficio immigrazione ci dà una mano, abbiamo come dire un canale privilegiato per questi casi.

E questa brava famiglia che le assume lo sa da dove vengono, chiedevo io, li mettete al corrente?

Silenzio. Tossettina. Occhi al crocifisso, all'icona.

Be', ecco, diceva la direttrice, la prima volta sì, per forza, la prima volta è sempre molto delicata, la ragazza qui dentro si sente protetta, fuori dal mondo ma al riparo dal... dagli orrori che ha dovuto passare. Quando si sente pronta a uscire...

E dev'essere lei a dircelo, precisava il prete, è la sua coscienza che decide.

Ma anche noi, diceva la volontaria, facciamo tutto un lavoro di valutazione, studiamo i progressi giorno per giorno, osserviamo la pianticella che si rigenera, che a poco a poco fiorisce, mi creda, è una cosa molto commovente, proprio meravigliosa molto... bella, ecco, e che per me...

Lucia per favore diceva la direttrice, vedi di controllarti un minimo.

Prima le facciamo uscire per brevi giretti in centro, a vedere un po' di vetrine, prendere un caffè, riabituarsi al traffico, al rumore, diceva la direttrice.

Non da sole, diceva il prete, a due o tre per volta, e accompagnate.

Da chi? Da lei?

No, da Semeraro, diceva il prete, un nostro uomo di fiducia che è stato guardia del corpo, sorvegliante notturno, ha una lunga esperienza nel ramo e le ragazze le sa prendere, ride e scherza con loro, e loro gli danno ascolto, gli vogliono bene.

Una specie di poliziotto privato?

Sì, all'incirca, ma ci fa anche molti lavoretti qui al Centro, sa, se c'è un rubinetto che perde, uno scaldabagno che non funziona. Un ottimo elemento, diceva la direttrice, un elemento direi indispensabile in una comunità come questa.

Ma l'aveva detto con un mezzo sguardo alla volontaria e in un tono un po' troppo secco. Tanto valeva approfondire un momento con questo Semeraro.

Dov'è? È qui?

Sì, ma non abita qui, abita a due passi, e stamattina è venuto presto, verso le sette, diceva la volontaria. Sta riparando la lavastoviglie, è uno che sa fare un po' di tutto, anche se poi...

Smorfia.

Su, su, Lucia, lo sappiamo che non ci vai d'accordo, ma Semeraro è una bella risorsa per tutti noi, lo ammetterai, scusa.

Sì, un bell'elemento, ammetteva la volontaria stringendo le labbra.

Che in italiano significa esattamente il contrario.

È uscita a cercare l'elemento e la direttrice mi ha spiegato che Semeraro era un tipo un po' rude, un po' grossolano nei modi, nel linguaggio, si lasciava scappare certe parole un po' forti...

Ma lo fa apposta, diceva il prete bonario, divertito, le dice per scandalizzare la cara Lucia, la provoca, coi suoi colpi di spillo, è tutto da ridere.

Ma Lucia ci piange, diceva la direttrice con un sospiro, per lei sono pugnalate, ha una sua sensibilità, poveretta.

La poveretta è rientrata quasi subito.

Non c'è, è andato al bar a prendere un caffè, dice, ma l'ho chiamato al telefonino, sta arrivando.

E tre minuti dopo è arrivato davvero.

Semeraro agli ordini, ha detto quasi sull'attenti.

Un uomo basso, tarchiato, sulla sessantina che s'era messo una camicia bianchissima ancora con le pieghe, pantaloni scuri, una tenuta adatta alle circostanze. Ai carabinieri, a me, una specie di collega, sia pure in borghese.

E a quel punto Lucia ha chiesto scusa e si è avviata verso la porta.

Ma come, diceva Semeraro, se ne va proprio sul più bello?

Lucia ha alzato le spalle senza nemmeno guardarlo, ma lasciandosi sfuggire un soffio, un suono sibilato con molte "effe", un invito un po' rude, un po' forte, affarinc...

La figlia

Le indagini, sì. Bisognerà pur trovarlo, questo assassino, e non dovrebbe essere nemmeno troppo difficile. Quel Janko, quel bandito arrivato al matrimonio a rovinarci la festa. Il nome gliel'abbiamo dato, gli altri particolari li troveranno loro. Gli abbiamo anche dato tre o quattro immagini, perché tre o quattro amici riprendevano intanto tutta la cerimonia sicché quella scena è rimasta sul Dvd. Lui e Milena, lui e Semeraro, lui e papà, lui e Casimiro, da diverse angolazioni. Non un ritratto molto preciso, tutto era molto isterico e confuso, ma insomma. Hanno fatto un ingrandimento dell'immagine più netta e papà la sta ora confrontando con un album di foto segnaletiche che un carabiniere dai capelli a spazzola gli passa via via sul tavolo.

Papà è molto concentrato e nello stesso tempo io lo so lontano, indifferente. Un dovere, ma lo fa senza crederci. Se lo trova in questa galleria di facce più o meno patibolari, tanto meglio per tutti. Ma altrimenti non se ne farà un'ossessione, non gl'importa niente che l'uomo sia catturato, processato, condannato all'ergastolo. Gli ha già inflitto la sua personale pena di morte: cancellazione di una creatura subumana che non vale né la vendetta né il perdono, uno strumento inanimato, geologico, come un masso che su una strada di montagna si schianta proprio sulla tua auto. La mano del destino?

Papà non userebbe mai la parola e senza dubbio rifiuta come banale, come meschina, la ricostruzione del meccanismo che scatto dopo scatto ha portato alla morte di Milena. Non è tipo da tormentarsi con dilemmi del genere: ah, se solo avessi fatto, se solo non avessi detto. È andata così e basta. Col dolore, insopportabile, se la vedrà lui. Lo sopporterà.

Del resto avevo già visto questa sua capacità di... come chiamarla? accettazione, rassegnazione, cancellazione, rimozione, quando la mamma è mancata. Ti batti alla morte, diceva lui stesso, finché pensi che possa servire, ma poi, dopo la sconfitta, ti siedi sul campo di battaglia e ti metti a contare le formiche lì attorno, i corvi lassù. Non ti lasci andare.

Nei primi giorni è rimasto chiuso in casa ma c'era sempre anche Bea, e anch'io cercavo di passare qualche ora con lui, ogni tanto, anche se per la verità non ero molto consolatoria. Mi stavo separando da mio marito e stavo scoprendo che qualsiasi separazione fa un male cane. Voglio dire che la nostra non era tempestata di urla e piatti scaraventati per terra (o in faccia, io avrei in certi momenti preferito); eravamo due persone cosiddette civili, che per carità si trattenevano, parlavano, o tacevano, entro i limiti della buona educazione, tenevano i figli fuori dalla battaglia, eccetera eccetera.

Ma la rabbia era una tigre, il senso di colpa un avvoltoio col becco sospeso più o meno sempre sul mio ombelico.

Tutte le parole che riguardano l'adulterio sono vomitevoli, a partire da "adulterio" stesso. Tradimento, corna, fedifrago, infedeltà, avventura e avventuretta, le hai usate, pronunciate spensieratamente tu stessa quando si trattava di altri. Ma quando si tratta di te non c'è più niente da ridere o sorridere, la pochade maliziosa si allontana alla velocità della luce. Conta anche il modo, e io ho fatto la mia "scoperta" nel modo in assoluto peggiore, direi: la macchia di rossetto sulla camicia di lui. Guardi, scruti, annusi, ti dici: è mai possibile, se ne frega talmente di me, mi considera una tale scema che non si dà nemmeno la pena di nascondere?

È un colpo che ti toglie il fiato, ti fa barcollare, letteralmente. Ti aggrappi alle corde (nel caso specifico a una sedia viennese che c'era nell'office), pieghi le ginocchia, ti sforzi di uscire dal trauma: è normale, è banale, succede a tutti, non c'è niente di veramente tragico, bisogna prenderla così, mandarla giù, far finta di niente, pazienza e ancora pazienza. Ma la tigre è già in giro per la gabbia. Una vendetta micidiale, ecco cosa vorresti. Un qualcosa che lo stenda, lo metta fuori gioco per sempre. Come ha potuto? Come è potuto succedere? E soprattutto come ho potuto non accorgermene prima?

A quel punto piomba giù l'avvoltoio della colpa. Non sarò io che ho mancato in qualcosa? Certo che ho mancato, e cominci a correre su e giù per la tua vita matrimoniale, ecco, qui e poi lì, e anche là, anche addirittura laggiù, errori su errori, una catena infinita. E i bambini? Quella è l'unica certezza che ti resta, i bambini non devono andarci di mezzo.

Perciò, dopo il chiarimento (sì, amo un'altra) (dato il partner, una stronza sicura che conosco appena e non voglio conoscere meglio), mesi di convivenza "civile", cioè camere separate, la riduzione del linguaggio a un manuale di conversazione inglese (would you open the window, please?) e una infernale successione di silenzi col ticchettio della bomba che sta per scoppiare. Dopo tutto questo arriva il giorno della grande decisione. Basta, divorziamo.

Papà continua a scrutare attentissimo le foto dei possibili assassini, banditi, magnaccia, sequestratori, ruffiani, con quella sua pervicacia (un po' noiosa) di chi vuol sempre andare fino in fondo senza lasciare niente al caso. Cosa potevo raccontare a un uomo d'ordine come lui del mio fallimentare disordine, di un divorzio comunissimo e ululante, una testina di medusa irta di serpenti scivolosi, inafferrabili? Già la moglie non gli aveva "funzionato", adesso anche la figlia s'inceppava.

Bea mi è stata a sentire per due pomeriggi di fila, più una sera dopo il cinema (non ricordo assolutamente il film), e con lei non mi sono vergognata di piangere e sospirar, come nel vecchio canto di montagna. Con la mamma non avrei certo potuto sfogarmi così, la mamma aveva un carattere più... disattento, più, non so, floreale, svolazzante, non me la sarei sentita di andarle addosso col mio Tir sgangheratamente carico di furore, livore, rimpianto, disperazione, paura.

Bea ascoltava senza scomporsi, continuando a dipingere il ritratto della mamma da una bella foto di qualche anno fa. Era un'idea che le era venuta così, al cimitero, vedendo uno di quei ridicoli ritratti colorati da un fotografo di paese, come si facevano una volta. Mi fermava con qualche domanda qua e là e alla fine ha posato i pennelli, s'è alzata, si è pulita le mani sulla sua vera tuta da vera benzinaia, di tela blu, e ha detto la sua: aveva cambiato idea, era d'accordo con me, l'avevo convinta, non c'era davvero rimedio, il taglio netto era l'unica soluzione, meglio divorziare e soffrire con mega randellata unica che star lì a prolungare l'avvelenamento, la cottura a fuoco lento nell'arsenico.

Ma se mai perdonare, passarci sopra, dimenticare, cercare un nuovo equilibrio, la vecchia armonia? ancora tentennavo io senza crederci.

Balle di giornali femminili. Guarda, mi spiegava lei, quello che veramente non si può mandar giù è l'effetto Shanghai, lo chiamo così perché, anni fa in un ristorante di Shanghai, ho divorato, letteralmente divorato, delle squisite crocchette di pollo, che poi, surprise!, non erano per niente di pollo, erano di cane. Be', a parte la nausea immediata, una cosa così ti distrugge anche all'indietro, ma allora cosa ho mangiato ieri, l'altro ieri, eccetera? Sempre cane? E mi piaceva pure! E quindi puoi salutare anche tutti i bei momenti tipo quella famosa sera, che ne so, a Pantelleria, o quella famosa mattina alle gole del Verdon, era tutto falso, un altro film, altri attori, altra storia, capisci? Ti sei fatta fregare, questa è la verità, e non è possibile ricominciare come se niente fosse, l'ombra di Shanghai non ti lascia più, anche se lui un giorno dovesse tornare da te vuotandosi il portacenere sulla testa. Shanghai non perdona, dammi retta, faresti solo uno sforzo inutile, un sacrificio senza senso.

Così mi sono definitivamente convinta (lo ero già, in fondo), mi sono più o meno calmata e tutti e due, mio marito e io, abbiamo preso appuntamento dai nostri rispettivi avvocati. A spiegare la situazione a papà ci ha pensato Bea, che gli ha anche però annunciato la mia intenzione di lasciare Superga, scendere a Torino e stabilirmi provvisoriamente nella sua grande e vuota casa della Crocetta insieme ai bambini, da lui amatissimi. Li avrebbe avuti sempre sotto gli occhi, invece di guardarli negli album segnaletici di famiglia come gli albanesi, i croati, gli ucraini qui in caserma.

La barista

Brancolavano, altro se brancolavano. E gliel'ho detto anche ai carabinieri, al carabiniere (carino) venuto a prelevarmi. Per venire a prelevarmi a me mentre me ne sto qui dietro il bancone a fare il mio lavoro, significa che state brancolando.

Noi lavoriamo, ha detto quello senza muovere un muscolo, ma si vedeva che c'era rimasto male. Ma su, dai, non ti offendere, ti offro un caffè. No grazie, signorina, dobbiamo recarci in caserma quanto prima. Ancora sulle sue. E in caserma altra stanza rispetto a ieri, stesso tavolo, stessa sedia, le foto dei delinquenti da guardare, controllare, esattamente come in tv.

Ha mai visto qualcuna di queste facce nel suo bar? Facce da galera, un bel campionario, ma da noi, al bar Ciro, si vedono di rado, da noi non ci sono strani giri, è più un bar di habitué, gente del quartiere come il Covino Cesare, il porcelletto marito della egregia bidella, la spiona trapanata in culo. Studenti, anche, in certe ore. Operai. E qualche puttana di tanto in tanto che poi va al lavoro verso Stupinigi o nei prati intorno alla Fiat.

E la morta ammazzata non l'ha mai vista prima? O Signore, o Signore, ricominciamo: no, mai vista, l'ho già detto a tutta la caserma e poi del resto non era nemmeno una puttana vera, no? Cioè, ex. Provenienza: un centro che le salva dalla vergogna, il benemerito Centro Ianua, ma perché Ianua, cos'è, un nome brasiliano, un drink da succhiare con la cannuccia? E in ogni modo adesso era una signora, la moglie di un pezzo grosso, c'è nel giornale, c'è tutto uno scandalo su due paginone, perché cosa ci faceva in quel fosso una signora, me lo spieghi tu? Mica avrà avuto bisogno di tirar su i 50 euro, no? E allora?

Il bel soldatino diceva che però era vestita da prostituta, non da signora. E con ciò? Sarà stata una viziosa, una pervertita che si divertiva a recitare la parte, tutti le fanno queste cose, a parte la sottoscritta (sia ben chiaro), tutti sappiamo delle catene e delle cinghie e il costume sadomaso in pelle nera (che però una volta almeno mi piacerebbe provarlo) in liberissima vendita nei sex shop. E quindi lei, per tenere allegro il marito, si è combinata così, che ne so. O magari l'amante, che ne so.

Già, ma il fosso, signorina, diceva il bel militare, è proprio lei dopo tutto che l'ha trovata nel fosso, no? Senti, dicevo io, lasciamo perdere la signorina, va bene? Diamoci del tu, è molto più semplice, e per il fosso non so, non ho idea, siete voi che fate le ipotesi, che non escludete nessuna ipotesi, lo dice il giornale, io non saprei proprio, l'avranno portata lì in macchina già bell'e strangolata e l'altro vestito sarà rimasto in casa o l'avranno bruciato o buttato in un cassonetto o sarà rimasto in macchina e quando trovate la macchina siete a posto. L'avete trovata la macchina?

No, non l'avevano trovata, stavano cercando ma non sapevano nemmeno che tipo di macchina, insomma brancolavano. E non sapevano nemmeno che tipo di vestito, jeans, felpa, camicetta o un vestito intero, giacca e pantaloni, niente? No, niente, brancolavano anche lì, al momento del fatto il marito era in Sardegna, la figlia e l'amica erano in campagna, i bambini... Sì, sì, lo sapevo, il giornale metteva tutti i particolari:

lei era sola in casa, magari in pigiama, magari nuda, qualcuno doveva aver suonato, lei aveva aperto senza sospetti, dopodiché s'era vestita, o l'avevano vestita, da puttana e via verso il fosso. Così, no?

All'incirca, diceva Attilio. Che alla fine, dopo due ore buone, s'è convinto che non sapevo niente e non ricordavo niente e mi ha riportata al mio bar. Fuori dalla caserma ho cambiato discorso, non ne potevo più, adesso te le faccio io le domande, bel biondino, sei di Torino, no, non lo era, e da quanti anni era a Torino, da tre anni, prima era a Sondrio e ancora prima a Ribolla in provincia di Grosseto. E gli piaceva Torino, be' insomma, però qui almeno non era proprio all'investigativa ma dava una mano. E ce l'aveva la fidanzata, be' insomma; allora la ragazza, una ragazza; be' insomma. Timidino. Arrossiva. Siamo arrivati al bar che gli stavo raccontando del mio coniglietto e l'ho invitato a entrare, a prendere un caffè.

E lì, al banco, bello dritto e in piena visibilità, c'era il mio Chris con la sua coda di cavallo stopposa, nastro arcobaleno, mai lavato. Che si beveva una Coca, porca puttana. Li ho dovuti presentare, e Chris non ha chiaramente gradito e nemmeno Attilio sembrava al massimo dell'entusiasmo. Niente stretta di mano, niente sorrisi, occhiata sospettosa (molto sospettosa) dalle due parti. Un amico, ho detto. Bell'amico, deve aver pensato il carabiniere. Che faceva adesso, era in servizio e lo interrogava, se lo portava in caserma? Sono corsa dietro il banco a fare questo maledetto caffè ma lui ha detto no grazie, non poteva aspettare, doveva correre via, ha tipo battuto i tacchi e se n'è andato. E a Chris gliel'ho chiesto io, così, non so perché, tanto per mettermi tranquilla: ma tu, l'altra sera, sabato sera, dov'eri col telefonino staccato?

Quello che finora sappiamo, spiegavo con qualche reticenza ai miei reticenti, è che Milena è stata uccisa l'altro ieri, sabato, probabilmente in tarda serata. Ma non nel luogo dove è stata trovata. L'assassino o gli assassini l'hanno trasportata in quel fosso dopo il delitto.

Ma dicevo quello che già dicevano i giornali, imbeccati da noi: il cane che si morde la coda. Passavo lo sguardo dall'uno all'altro, il prete, la Maria Ludovica, Semeraro e pensavo blandamente: gli assassini, potrebbero essere questi tre gli assassini? Uno fuori alla guida, due che entravano nella villa. Di loro Milena si sarebbe fidata, avrebbe aperto... Non c'erano tracce di telefonate in arrivo o in partenza sul cellulare della vittima. Quindi gli assassini si erano presentati di sorpresa, senza avvisarla. O era un appuntamento già combinato dal giorno prima, da diversi giorni prima? Lei li stava aspettando?

La parola "alibi" non è stata pronunciata da nessuno, non ce n'è stato bisogno, i loro movimenti del sabato pomeriggio sono venuti fuori da sé, sotto la candida, spontanea, dolorosa considerazione: e pensare che io in quelle ore...

Ho preso nota mentalmente, il taccuino non me la sentivo di tirarlo fuori. La donna a Milano, a presiedere un convegno sulla tossicodipendenza nei pensionati over sessantacinque. Il prete a Brescia a trattare l'affitto di un villino per un nuovo Centro. Semeraro a Biella, a un torneo di bocce, gioco di cui era appassionato.

Gente perbene, virtuosa, dedicata. Impossibile caricarli in macchina tutti e tre come in una retata, portarli a Torino e sbatterli in tre stanze diverse. Non avevo l'autorità, non avevo un vero motivo. E così mancavo alla prima regola, che è di stargli addosso fin da subito, non lasciarli pensare né respirare, tempestarli di domande nelle prime ore del delitto, qualunque delitto. Sconvolgerli, frastornarli, spaventarli.

Ma qui c'era poco da spaventare, potevo solo ripartire dall'ultima volta che avevano visto quel Janko.

Al castello, al matrimonio, in settembre. E come c'era arrivato? Chi gli aveva detto del matrimonio? Non lo sapevano ma non era stato un matrimonio segreto, gli inviti erano circolati, la voce aveva girato e qualcuna delle ex ragazze del Centro poteva averlo informato. E a quel punto lui, davanti a tutti...

«Ma quanti erano gli invitati?»

«Un centinaio, più o meno.»

Doveva essere questo *l'altro scandalo*, di cui parlavano la sera prima il banchiere e la figlia.

«Per fortuna che c'era Semeraro.»

Semeraro allargava le braccia, ridendo modesto.

«Ma io non ho fatto niente, figuriamoci, mi sono limitato a...»

«No, no, lei ha salvato la situazione, senza il suo intervento chissà come sarebbe andata a finire.»

«Quello era scatenato, una vera belva.»

«Ma cosa sperava di fare, cosa pensava di ottenere?» dicevo io.

«No niente, se la voleva riprendere, aveva la bava alla bocca, completamente fuori di sé.»

E nessuno aveva pensato a denunciarlo? No, non

era il caso, Semeraro era riuscito a cacciarlo fuori, denunciarlo voleva dire inchieste, confronti, convocazioni, tutta una serie di passaggi penosissimi per Milena, che già così era abbastanza sconvolta. L'avevano lasciato andare e ci avevano tirato una croce sopra.

«Ma un uomo così resta sempre una minaccia, no?»

Sì, certo era vero ma... Non reticenti, ma imbarazzati. Di più, fortemente in colpa, vergogna fino alle orecchie.

«Purtroppo abbiamo un po' tutti sottovalutato il pericolo» sospirava il prete.

«Sì, ma il marito...» dicevo io.

Il marito aveva ovviamente pensato a una guardia del corpo, aveva perfino offerto l'incarico a Semeraro che in passato già era...

Ma non c'è stato niente da fare, Milena si rifiutava, non voleva sentirsi un'altra volta prigioniera, diceva che in casa era al sicuro, che sarebbe comunque uscita pochissimo, aveva il marito, aveva i bambini, il giardino... Non voleva assolutamente trovarsi sempre dattorno il suo passato con la rivoltella pronta.

«No, Milena s'è impuntata, niente guardia, niente scorta.»

«E così...» diceva mestamente l'eroe del castello.

E così, pensavo io, quei tre nobili salvavite non avevano salvato la più tenera delle pecorelle.

La migliore amica

Non era il caso di passare la notte in quella casa presidiata dai carabinieri come una masseria in Sicilia e così ho sistemato Giacomo e Camilla da me, nel mio attico su corso Einaudi, a duecento metri da lì. Tisana al tiglio e malva per Giacomo, che odia gli psicofarmaci, e Camilla aveva le sue pillole. Subito a letto, senza parlare e commentare niente.

Speravo, ma nessuno ha passato una buona notte. Era comodo il letto? Comodissimo, diceva Camilla con una faccia. E Giacomo tentava di sorridere come un fabbro impegnato ad aprire una serratura bloccata. Poi, come concordato con gli inquirenti, loro due sono andati in caserma, io alla villa, dove c'era con altri lo stesso militare di ieri sera, Gilardo (si chiamava Gilardo un nostro vecchio giardiniere quando abitavamo a Cavoretto, secoli fa).

Mi ha portato a controllare i vestiti, ma l'ho subito disilluso, non erano di Milena, erano di Fiorenza, la prima moglie, Milena i suoi (pochi) li teneva in un altro armadio, in un corridoietto che porta al secondo bagno.

«E non manca niente?»

«Ne manca almeno uno, direi.»

Mancava il lino di Armani, color salvia, abbottonato davanti, scollo quadrato, spalline larghe, tascone.

«Gliel'ho regalato io, e qui non lo vedo.»

«Ma lo metteva abitualmente?»

«Non lo so, credo di sì, è molto comodo in casa. Guardi, se vuole glielo posso disegnare, giù dai bambini è pieno di matite a colori.»

Gilardo si segnava tutto. Poteva essere il figlio del Gilardo giardiniere? La porta dello studio di Giacomo era aperta e si vedeva di sbieco il ritratto di Fiorenza. Gilardo ha fatto un passo dentro.

«Quella è la prima moglie?»

«Sì.»

«Bella donna, giovane, ancora.»

«L'ho presa da una vecchia fotografia.»

«L'ha dipinto lei? Bravissima. Un bellissimo ritratto.»

«Grazie, ma purtroppo non... diciamo che ho fatto del mio meglio. L'ho fatto per Giacomo, dopo che lei è... mancata.»

«La frutta sembra la stessa che c'è di sotto.»

«Ma è la stessa. Quando abitavo a Londra Fiorenza è venuta a passare qualche giorno da me e ha visto due limoni, un regalo di un amico inglese che li aveva scovati in Italia, come fanno gli inglesi. C'era un artigiano che li faceva vicino a Carrara, o San Gimignano, non so più. Li ha voluti assolutamente anche lei, è andata apposta a cercarlo, limoni, banane, mele, pere, ananas, marmi colorati di mezzo mondo, se n'è fatta fare un mezzo vagone.»

«Bella composizione.»

«Un po' pesante, però.»

«Già, lo credo.»

Di sotto, dai bambini, gli ho schizzato il vestito verde salvia.

«Ecco, più o meno così, semplicissimo.»

«Di Armani, dice.»

«Sì, di Armani.»

Gilardo si guardava intorno più incuriosito che poliziesco. Dalle tre finestrelle a bocca di lupo scendeva una luce già forte, già quasi estiva e le piastrelle di vecchio cotto di Castellamonte esibivano le loro ricche venature di finto marmo. E le loro crepe, qua e là.

«E questa era la cucina, ai tempi?»

«Ai tempi dei tempi. E poi quando la figlia ha divorziato e si è sistemata qui è diventata la casa dei bambini. I principi del sottosuolo. Beati.»

«Bei bambini.»

C'erano fotografie di quei due dappertutto, mare, montagna, in triciclo, sotto la torre di Pisa, al Vezzolano, al castello di Casimiro, ridenti, urlanti, mangianti. Troppe, a mio gusto, ma Giacomo gliene faceva a centinaia, una mitragliatrice.

«E la signora» diceva esitando Gilardo. «Cioè prima di diventare la signora...»

«Milena? Sì certo, era la bambinaia, è stata la loro bambinaia per più di un anno.»

«E com'era, voglio dire come bambinaia?»

«Ah, perfetta. Molto dolce, molto affettuosa, ma la mano era molto ferma, quei due l'adoravano.»

«Aveva figli in Romania?»

«Non so, non ho idea, con me non ne ha mai parlato.»

«E dopo che s'è sposata è arrivata un'altra bambinaia?»

«No, assolutamente, Tommi e Matti hanno messo il veto, o Milena o niente. Qualche volta la sera veniva una baby-sitter volante, ma sennò, a parte la mamma, volevano solo Milena. Milena e il nonno.»

«E passava molto tempo con loro?»

«Sì, quando non erano all'asilo era sempre a farli giocare, gli leggeva le fiabe... Non so come faremo a dirglielo che non c'è più... la pozione...»

«Che pozione?»

Ah, la pozione magica... Tutto è cominciato dalla pozione, si potrebbe dire a cose fatte. Magica davvero in un certo senso.

La volontaria

Cosa crede, che non le sappia anch'io tutte le parolacce, quel... quel... Ne so più io di lui se andiamo a vedere, in italiano e in un bel po' di altre lingue, è solo che non le voglio dire, non mi abbasso a insultarlo, quel... maiale, sì, quantomeno un maiale, per non dire altro, che Dio mi perdoni e perdoni anche lui, che io non mi sento, c'è dei giorni che proprio non riesco a perdonare, a dimenticare, è inutile, mi torna in testa quella scena giù nel... no, non ci voglio pensare, l'ipocrita, il vero sepolcro imbiancato, falso come Giuda, ma prima o poi finisce che racconto tutto a Maria Ludovica, a don Traversa, lo faccio cacciar via, non possiamo tenere qui un Giuda traditore schifoso che Dio sa come c'è arrivato da noi, con tutti che si fidano di lui, Semeraro qua, Semeraro là, e lo scusano, lo difendono, l'ottimo elemento guai a toccarglielo, ma io finisce che vado a parlare col vescovo, gli racconto tutto quello che ho visto con i miei occhi, una scena, ma una scena, e poi quell'altra volta a Vezzolano, che anche quella non mi è piaciuta per niente, è stato un attimo, ma ho visto bene, e lui non si è accorto, non sa che l'ho visto là sotto con la Seda e anche la Seda io mi domando, sì, d'accordo, carità, comprensione, mai perdere la speranza, mai arrendersi, ma insomma quando una vede certe scene, più di così, l'unica è parlarne col vescovo, raccontargli tutto, perché tanto per Maria Ludovica con quello lì, quel maiale, io sono prevenuta, è solo una mia fissazione, e don Traversa dice che non so stare allo scherzo, è tutta da ridere, ma vorrei vedere se vedeva lui la scena che ho visto io, con questi occhi, caro mio, altro che ridere, io non ce la faccio più a tenermele dentro queste cose, vado dritta dal vescovo e gli racconto, gli dico seriamente che la situazione è impossibile, che uno come Semeraro è un Giuda, un pericolo per tutte le ragazze, Milena compresa, povera Milena, e ci deve pensare Sua Eminenza a cacciarlo dal tempio, è l'unico che può farlo perché quel maiale è troppo sicuro, troppo furbo, ha agganci dappertutto, conosce tutti, anche alla polizia, e se non interviene Sua Eminenza...

«Lucia! Lucia! Ma è proprio Lucia, buongiorno Lucia!»

Signore santo, di nuovo la giornalista di ieri, eccola qua fresca come una rosa a ficcare il naso, e cosa ci faccio qui fuori sul marciapiede davanti a questa gelateria chiusa?

«Sono uscita a prendere un po' d'aria, un caffè, un qualcosa, ma il lunedì qui a Gelandia è chiusura, ma per fortuna lasciano le sedie fuori, sono solo di plastica.»

E quella a protestare, a insistere, ma no, ma no, passando ho visto un bel bar aperto a cento metri da qui, venga, su, le do un passaggio, arrivo adesso da Novara, volevo fare un salto da voi, sentire un po' se c'è qualche novità, sono arrivati i carabinieri?

Altroché se sono arrivati, sono tutti lì a parlare con la direttrice e don Traversa e con un nostro ottimo collaboratore.

Semeraro?

Sì, Semeraro, ma come faceva a sapere di Semeraro?

Ma l'aveva visto ieri sera, uscendo dal Centro, lui

l'aveva fermata, avevano perfino fumato una sigaretta insieme.

«Però è un tipo... be', non m'è piaciuto molto, francamente.»

«A chi lo dice.»

«Su, andiamo a prendere questo caffè, coraggio.»

E mi diceva che Semeraro ha allungato le mani anche con lei, il maiale. Maiale? Ma il maiale, poveretto, c'è un santo che se lo teneva sempre vicino, c'è in tutti i quadri, com'è più la storia?

«Lei che è giornalista sa per caso perché c'è un santo, forse san Rocco, che ha sempre vicino un maiale?»

Non lo sapeva, giornalista e ignorante. E da me voleva sapere invece delle rane, quando si mangiano, quando è stagione, ma io non lo so, non mi ricordo, forse luglio, e comunque a me non mi vanno un granché, anzi mi fanno un po' senso con tutti quegli ossicini che mastichi mastichi e alla fine non mandi giù niente.

E come facciamo per il mangiare lì al Centro, le ragazze cucinano anche loro? Sì, cucinano, si divertono con le loro specialità, preparano piatti etnici, sì, li chiamano così, et-ni-ci, che però io personalmente li trovo troppo pepati, troppo speziati, e sennò per la cucina normale c'è Mariuccia, la donna diciamo così di Semeraro, che fa la cuoca per tutti i giorni, spaghetti, minestroni, risotti vari...

«Anche le rane? Riso e rane?»

Sì, fa un po' di tutto, ma cose tranquille e va lei a fare la spesa, non si fida di nessuno, prende il nostro fuoristrada del Centro e fa il suo giro, ha i suoi fornitori, non si lascia mettere i piedi in testa da nessuno, è l'unica che fa filare anche Semeraro, lo fa correre, lo strapazza che è un piacere, e lui ha paura di lei, caro mio, anche perché Mariuccia è una donna robusta, alza una confezione di minerale da sei bottiglie con due dita, come un pacchetto di sigarette, e secondo me quando capita lo picchia anche, gli fa delle scenate tremende al... porcaccione, al Giuda.

«Ma perché, è gelosa? Delle ragazze, voglio dire.»

«Si capisce. E con ragione, perché...»

«Perché?»

«Perché io l'ho visto una volta sola, ma mi è bastato.»

«Con una delle ragazze?»

«Sì, una scena, ma una scena... lei era in ginocchio davanti a lui, al Giuda, e lui...»

«Ho capito, ma lo fa con tutte?»

«Non lo so, può darsi benissimo, anche se io l'ho pescato sul fatto solo quella volta, ma una volta è già troppo, no?»

«E anche con Milena...»

«No, spero di no, ci avrà magari provato ma Milena era... con Milena...»

Mi vengono i brividi a pensarci anche per via di questa spremuta di limone che mi hanno messo dentro troppo ghiaccio. Non il maiale, povera bestia, il lupo! Ci teniamo un lupo in mezzo alle pecorelle, ecco la verità, ecco cosa devo dire al vescovo. Via, via, quella è la porta, fuori! E voglio vedere cosa gli fa la Mariuccia quando lo sbattono fuori, che ancora devo capire perché se lo tiene, uno così, gli vorrà bene o magari è lui che vuol bene a lei, le fa sempre un sacco di regali, il giacchino, la collanina, la sciarpina, ma per massacrarlo lo massacra, è poco ma è sicuro, lo riempie di botte, il lupo...

Cosa c'è da ridere, cosa ho da ridere?

«No, niente, stavo pensando, è una fantasia, pensavo alla nostra brava cuoca, a Mariuccia...»

«La convivente...?»

No, non convivente, lui sta da solo in un suo buco qui dietro, e Mariuccia sta con sua figlia dall'altra parte di Vercelli. Dove? In fondo a via Molina, più o meno davanti alla ex Tessilform, una ragazza sfortunata, s'è voluta sposare a sedici anni e a diciotto era già separata, la mamma l'ha ripresa in casa, stravede per lei, si ammazza di lavoro da noi e in altri due posti, una rosticceria e un fast food, corre sempre di qua e di là, povera Mariuccia, povere donne che siamo tutte quante, che Dio ci benedica, perché lei, la ragazza, s'è messa a studiare, fa l'università a Alessandria, vuole laurearsi in Scienze collettive o non so cosa, brava ragazza ma secondo me non ha la testa, anche se ormai le lauree le regalano a cani e porci, ma il porco, il maiale di quel santo, perché sta lì, cosa c'entra? Devo chiedere a don Traversa, lui lo sa di sicuro e adesso grazie, io ritorno dentro, torno a casa, grazie ancora e anzi scusi se mi sono un po' sfogata, arrivederci allora. E anche il vescovo lo saprà, no, del maiale?

La migliore amica

Gentile quel carabiniere (o forse non capisce niente di pittura) ma il ritratto di Fiorenza non è un buon ritratto, ricavato da una foto, spento, smorto. La frutta di marmo è venuta onorevolmente ma per il resto manca l'essenziale, quel grumo indefinibile, quel lontano semaforo a cui non si arriva mai. Certo io non sono una ritrattista, questo l'ho fatto per Giacomo, che me l'ha anche detto commosso fino alle lacrime, abbracciandomi: «È proprio fatto col cuore!». Ma appunto. La Gioconda non è fatta col cuore, il cuore non c'entra, non deve entrarci.

La malattia e la morte di Fiorenza hanno svuotato anche me, non solo Giacomo. Nell'ultimo anno avevo più o meno un pied-à-terre da loro per le emergenze, una mia bassa ma vezzosa cameretta (chambre de bonne, diciamo) dell'ultimo piano, ci avevo anche portato un po' di vestiario, facevo su e giù da casa mia. Ma non mi pesava. Quando stai molto vicino a qualcuno che sta lasciando la vita non ti resta spazio per tristezze e malinconie, sei lì, concentrata sulla mattina, sulla sera, sul prossimo minuto, devi fare, agire, preparare, ordinare. È l'immediato che conta, che ti prende. Aprire quel cassetto. Chiudere quelle tende. Spostare quel bicchiere.

Questa concentrazione non dico che sia un piacere e

nemmeno un sollievo, ma toglie di mezzo una quantità di fumo. Qui sì che si arriva all'essenziale, freddamente angoscioso ma chiaro, ben scontornato, inequivocabile.

Facevamo di questi discorsi con Fiorenza al tempo in cui ancora ci sembrava di poter scoprire come sei, chi sei veramente. Sotto sotto, diceva lei, sei una fanatica, sei della stessa razza di quelli che piantano tutto e se ne vanno in Africa a portare le merendine ai bambini con gli occhioni. E se c'è un terremoto: cosa aspetti, riempi la tua sacca Vuitton e corri a cercare i cadaveri tra le macerie.

Fanatica? No, ma ho sempre intravisto il fascino di queste scelte definitive, il convento di clausura, la grotta nel deserto. Solo che ci vogliono fortissime motivazioni religiose per simili decisioni, immagino, e io non le ho, non vado oltre buoni rapporti col parroco dei Santi Angeli, un po' di mercatini di beneficenza e altre iniziative misericordiose, telefono rosa, visite domiciliari, le solite cose. Anche soldi, senza che si sappia. Ma lì finisce, il bambino africano con gli occhioni non avrà la mia merendina, anche perché nessuno mi ha mai spiegato cosa succede dopo che l'ho salvato: cresce, diventa un robusto giovanotto, attraversa il deserto, paga il passaggio su un barcone di clandestini e annega nel canale di Sicilia. Oppure riesce a sbarcare e va tutto contento a raccogliere pomodori in Campania per un euro a giornata. Che senso ha? Io non sono all'altezza di queste insensatezze, le lascio ai filosofi, ai monsignori. Io sto all'immediato, che posso controllare. A Matti e Tommi, i figli di Camilla, due bambini di pelle bianca, sul biondo (uno un po' di più), ben nutriti, in ottima salute, che dopo il divorzio sono rimasti a lei, i teneri.

Lì non era difficile intervenire, con tutto quello spazio in quella casa vuota. Giacomo ha esitato un po', il dolore ti fa anche questo, non ti vuoi più staccare, ti sembra un tradimento, vuoi startene lì a rivoltolare il tuo lutto tutto solo. Sarei un nonno deprimente , diceva, non fa bene ai bambini vedermi così. Ma io ero sicura e anche Camilla vedeva bene la cosa. Tutti e tre (più la bambinaia) sotto lo stesso tetto (temporaneamente, si capisce).

Il seminterrato era perfetto, in meno di un mese l'abbiamo sistemato e i bambini sono arrivati, Matti (sette anni, compagno di letto un cammello di pezza) e Tommi (cinque anni, compagno di letto un bruco di peluche). Naturalmente io ho lasciato la casa, ma passavo quasi ogni giorno a dare un'occhiata. Eva, la bambinaia era così così, ma il nonno la sostituiva in molte cose, spesso portava lui i bambini in macchina a scuola e all'asilo, tornava prima dall'ufficio per giocare con loro in giardino, gli infilava le felpe, li metteva a letto, gli leggeva le fiabe di Calvino, gli rincalzava le coperte, gli dava l'ultimo (proibito) cioccolatino. I miei manigoldi. I miei omuncoli. Scherzava, si divertiva, ha fatto rimettere in sesto la vecchia altalena vicino al cancelletto posteriore e stava lì a spingerli su e giù prima di cena. Urli, strilli, la joie de vivre. Se li è portati perfino al golf un paio di volte, gli ha fatto provare qualche colpo sul campetto.

Camilla, felice, non la finiva più di ringraziarmi, papà era di nuovo lui, l'avevo salvato dall'annientamento. Ma era l'unica cosa da fare, dicevo io, era talmente ovvio, date le circostanze.

Una sera li ho trovati tutti e tre, i bambini e Giacomo, che frugavano nell'erba con palette e rastrelli.

«Ma volete rovinare il prato, volete farvi sgridare da Dragonero!» (e chissà poi se Gilardo è figlio di quell'altro giardiniere a Cavoretto?)

Cercavano vermi, insetti, formiche, speravano in un grillotalpa, il massimo.

«Ma qui non ci sono!»
«E chi lo dice, non si sa mai.»
Pensavo a un principio di collezione entomologica, invece Matti ha trovato un minuscolo animaletto scuro ed è corso al tavolo di ferro sotto la magnolia, l'ha infilato in un alto bicchiere di cristallo rossastro bordato d'oro, un servizio di fine Ottocento.
«Ma cosa fai, sei impazzito?»
«Sta' tranquilla, gliel'ho dato io» chiariva Giacomo andando a prenderlo.
«Vedi? Stiamo facendo la pozione.»
Dentro c'era ogni sorta di schifezze, mi hanno informato fieramente.
«Terra.»
«Due mosche.»
«Polveri di cucina.»
«Un ragno.»
«Farina gialla.»
«Diverse formiche.»
«Un verme non identificato.»
«Un mezzo limone spremuto.»
Mancavano ancora rane, rospi, lucertole, zanzare e quanto al sangue (indispensabile!) aveva contribuito Giacomo, pungendosi apposta un dito. Mi mostrava il medio col suo piccolo foro rosso.
«È una pozione magnifica.»
Euforico. Scintillante. Risuscitato. E a quel punto ho capito che era venuto il momento di fare una bella chiacchierata, fra noi due.

La figlia

L'autostima, l'autostima, sempre l'autostima, non se ne può più di questa maledetta autostima, diceva mio marito (ex) Jacopo. Gli dava sui nervi la parola, quella velleità psico-scientifica. Ma voi (io e le mie amiche), voi lo direste che Giovanna d'Arco si autostimava? E Giuditta, mentre tagliava la testa di quello là? E Lucrezia Borgia mentre faceva fuori i suoi amanti? C'era una parola che definiva benissimo la cosa: orgoglio. La storia era piena di donne orgogliose, Cleopatra, Caterina di Russia, matrone romane, poetesse, che ne so. Pieno. Autostima era una parola da poveracce, da casalinghe: autopulente, autofriggente, autosmacchiante...

Vere e proprie arringhe, Jacopo essendo avvocato. Ciò non toglie che io abbia deciso il divorzio per autostima, Cleopatra o non Cleopatra. Orgoglio sembra una parola troppo forte, per me, per noi, di questi tempi. E del resto a nessuno più verrebbe in mente di dire che la zia Irene è iraconda. Irascibile, tuttalpiù. Cattivo carattere. Incazzosa, con licenza parlando. Quando discutevo con Bea del mio eventuale divorzio non ricordo se mi abbia parlato di orgoglio (e comunque parlavo quasi sempre io).

E lei, Bea, sarà orgogliosa? Sì, direi di sì, così a naso. In realtà, anche se siamo state e siamo ancora molto vicine, certe cose le abbiamo appena sfiorate, certi tasti non ho avuto il coraggio di toccarli. Lei mi vede come una specie di figlia, cosa che facilita i rapporti, da un lato; ma dall'altro li complica.

E poi è una donna così meravigliosamente pratica, va dritta al punto e tu ti vergogni sempre un po' dei tuoi tentennamenti, dei tuoi ghirigori. Anche lei, però, per il necrologio di Milena sta tentennando parecchio, è un'ora buona che lei e papà continuano ad arrovellarsi – tra silenzio e silenzio – seduti alla scrivania. Lei ha (ovviamente!) un quaderno con un certo numero di formule già pronte, comprese lettere di condoglianze, auguri eccetera: ma nessuna si adatta a una cosa così.

Tragedia, questa è la volta o mai. Tragico evento. Tragica scomparsa. Ne annunciano la tragica scomparsa. Chi? Il marito. Con la figlia, cioè io. Anche i bambini? No, no, cosa c'entrano. E semplificare al massimo? È morta (improvvisamente? no), è deceduta, ha lasciato questo mondo, ci ha lasciati, Milena Martabazu in Masserano, Milena Masserano n. Martabazu, amatissima, la dilettissima, la nostra carissima... Sconvolti dal dolore lo annunciano. Di più: distrutti dal dolore, annientati dal dolore...: ne danno il triste annuncio, il doloroso annuncio... Ma il dolore c'era già prima. Il desolato. Il mesto.

«Ci vuole una cosa il più possibile neutra, che fili via...»

Papà annuisce, fuma. Ma cosa c'è di neutro in uno scandalo di questo genere? Perché scandalo è, c'è poco da fare. Tutti i giornali sono pieni di foto di papà, del fosso coi carabinieri lì attorno, della villa del banchiere, della banca, nonché di Milena, una foto segnaletica della Buoncostume (fuga di notizie, strapagata a qualche maresciallo).

Ma papà è al di là di tutto questo. Un colpo durissimo, da schiantare un cedro del Libano (come quello che c'era al castello di Casimiro fino a tre anni fa, poi un pomeriggio un fulmine...). Dio sa come farà a riprendersi, se pure ci riuscirà, ma per ora tiene duro.

«Ma una cosa troppo... neutra, come dici tu, è come ammettere che ci vergogniamo, che io mi vergogno. E questo non lo sopporto assolutamente, nessuno deve pensare che io...»

Ma la frase, che partiva con intenti di fierezza, di orgoglio (ancora!) gli si appiccica alla lingua, resta lì come una pastiglietta indeglutibile e amarissima. Ha un singhiozzo, Bea va a prendergli un bicchier d'acqua in cucina. Vive sola, con una vecchia e fedele domestica a ore, italianissima, calabrese, che viene tutti i giorni. Vive in una casa che le somiglia, tutta accanitamente bianca, con pochissime cose, una scrivania inglese, un raro trittico di un qualche maestro futurista, di faccia a un piccolo olio di un suo amico pittore, rettangolino di cascina piemontese, color verderame. E in un angolo una scultura di bronzo primo Novecento, due amanti abbracciati in un vento di tempesta (Paolo e Francesca, si presume). E poi quasi di fronte il "memento mori", come lo chiama lei, uno scaffaletto bianco ornato di fiori e volute azzurre e rosa, assolutamente estraneo, una caduta, un faux pas clamoroso, comprato apposta in un grande magazzino di periferia, la Portaerei del Mobile. Il nome l'aveva affascinata, non poteva non avere qualcosa della Portaerei, la strana donna (ma tutti sono strani, diceva lei, tutti siamo strani, cara mia!).

Molto raffinato, molto elegante e anche piuttosto freddino, i bambini qui non saprebbero dove nascondersi per sfuggire al feroce cacciatore di scimmie (papà). Jacopo li terrà ancora qualche giorno, mi ha detto, e naturalmente ci ha già pensato lui a far sparire i giornali da casa sua. Hanno chiesto di salutare Milena: zittiti con una scusa.

Per il funerale si vedrà, io direi di non farli assistere e anche Bea è d'accordo. Ma papà invece li vorrebbe portare, sempre per la faccenda vergogna-orgoglio. Bara semplicissima, ma non certo economica, perché altrimenti... Fiori: una corona, comunque orrenda, e un cuscino di... di che? Rose? Ma sono terribili. Gigli? Anche peggio. Papaveri?... Sceglierà Bea, ci penserà Bea, che torna col bicchier d'acqua, accarezza la fronte di papà e lui la guarda di sotto in su, riconoscente. E io lascio venire su una domanda che è lì nel fondo da mesi, da anni: ma Bea e papà sono stati amanti mentre la mamma moriva? O magari anche prima?

La migliore amica

Ma perché non andate a vedervi il pomario, diceva Casimiro, è il momento giusto, è tutto un fiore, un vero spettacolo, vale il viaggio. Del suo pomario è fierissimo, ha avuto lui l'idea qualche anno fa e con altri amici appassionati ha piantato («con le mie mani!») cinquanta o sessanta meli di qualità tutte diverse, rare, neglette, scomparse dal Monferrato. Pomario in realtà vuol dire semplicemente frutteto, ma lui s'era invogliato della parola, l'ha per così dire francesizzata. Un comitato, lui presidente. E al momento della raccolta gran banchetto rustico con vini locali (suoi) e torte di mele su ricette non solo indigene ma bavaresi, normanne, americane, eschimesi, insomma di mezzo mondo. Un tanto a fetta, come contributo.

Ma tutto questo non cresce attorno al castello di Casimiro ma cresce attorno all'Abbazia di Santa Maria di Vezzolano, lontana una dozzina di chilometri su e giù per una mezza dozzina di colline. Castello e abbazia, due bei monumenti di mattoni rossi, più o meno della stessa età, XII o XIII secolo, le date sono sempre nebulose in quel periodo, cosa che permette a Casimiro di pensare (ma non lo dice) che sia stata la sua famiglia a fondare quell'antica canonica.

Eravamo tutti da lui (la data la ricordo perfettamente, non mille ma un solo anno fa circa, il 12 maggio), Camilla coi bambini, Giacomo e io. Al castello c'erano altri tre bambini, figli non di sua sorella lesbica, detta universalmente Baciccia, ma dell'altra, Giulia; e quindi subito guerra intersecolare con frecce, mitragliatori, spade, missili, corazze, laser. Giacomo sarebbe anche rimasto a giocare con loro, ma che ruolo avrebbe potuto avere tra quei frenetici urlanti e trafelati? Vecchio mago oracolare e inascoltato? Vecchio pirata sbudellato al primo arrembaggio? Meglio se veniva con me ad ammirare lo spettacolo del pomario, un grande campo ai piedi dell'abbazia, lasciato incolto per decenni e poi dissodato, concimato, vivificato da Casimiro e dai suoi fedelissimi. Anche Giacomo fa parte del comitato e per questo la guardiana (una folle sdentata, vestita da figlia dei fiori) ci ha aperto la porta nello scantinato dell'abbazia e ci ha fatti entrare nel magico rettangolo bianco. Valeva il viaggio, niente da dire. Una nube di petali sopra di noi, filare dopo filare, un tappeto di petali sotto di noi.

Piacerebbe ai bambini, diceva Giacomo. La verità è che ai bambini non importa niente dei fiori, non più di qualsiasi altra cosa che si trovino sotto gli occhi, sassi o scale a chiocciola o scarabei. Ma verso i bambini, i nipoti, Giacomo si sente in debito (no, non è questo, è riconoscente, immensamente grato) perché l'hanno aiutato a uscire dal lutto. Non è stata una sua rinascita, piuttosto una riesumazione cosmica, ecco di nuovo le stelle, il mare, i gatti, i ragni della pozione, gli infiniti ammennicoli dell'universo dissepolti dopo gli anni terribili della malattia e la morte di Fiorenza. Tutto fresco, tutto meraviglioso, tutto ancora una volta da scoprire e da condividere. Ma non con me, non più con me.

Gli ho preso il braccio, caro Giacomo. Un uomo a disagio con le parole, goffo. Un uomo semplice, tutto sommato, leggibile senza occhiali. Fiorenza lentamente moriva con quel sorriso senza senso, senza ritorno, e lui la stava a guardare torturato dall'impotenza, aveva adeguato i suoi gesti a quelli di lei, sorrideva con la stessa smorfia, la imitava nelle sue millimetriche lentezze, mai uno scatto, un movimento brusco o impaziente. Ma fuori dalla stanza non si tratteneva, esplodeva, quel controllo di ferro vedevo bene che lo stava soffocando.

Ho fatto tutto io, in casa mia, una sera che era venuto a cena da me. Veniva spesso, non ne voleva sapere di ristoranti e trattorie, aveva il terrore di incontrare gente di conoscenza, di dover fingere, presentare la faccia del marito stoico.

Non si può parlare di seduzione, non c'è stata nessuna seduzione. Certo, prevedevo il momento, volevo anzi che arrivasse, mi ero messa quel lungo vestito abbottonato davanti e sotto niente, per facilitargli le cose. E poi mi sono semplicemente alzata dal divano, questo divano, gli ho preso la mano e l'ho portato in camera da letto (dove adesso si è sdraiato un momento a riposare). Né io né lui abbiamo detto una parola.

Puttana, troia. Così mentre si disaggrovigliava, si sdipanava sopra di me. Ma non per eccitarsi o insultarmi, povero Giacomo. Voleva dire che una puttana era tutto quel che gli serviva in quei giorni, niente di più niente di meno. Ma una puttana lui non era tipo di andarsela a cercare alla Pellerina, meno ancora (orrore assoluto) in un bordello clandestino, in qualche appartamentino civettuolo con bambola sul letto.

Alla fine, alzandosi su un gomito, mi ha baciato in fronte, ha pianto un po', è scivolato via. Non ce lo siamo detto, ma sapevamo che non era stato adulterio, non era stato tradimento. Il sesso, ripugnante parola, non c'entrava niente. Puoi chiamarlo uno sfogo? Sì, ma emotivo o magari terapeutico. E comunque io la vedevo come una congiunzione tenerissima tra due orbite di dolore, fra due ellissi di pena, angoscia, pietà attorno alla cara Fiorenza. Si può chiamare amore una cosa così? Io dico di sì, quella dedizione aveva un'intensità sacra, come in Cielo così in terra, m'è addirittura venuto in mente. E sempre in quel modo muto e concentrato, come di due che pregano (sì, pregano) inginocchiati allo stesso banco, sempre con quell'abbandono totale e bruciante dello spirito (non del corpo! non del corpo!) ci siamo incontrati altre volte, due o tre sere per settimana, o tutte le sere, o lasciando invece passare giorni e giorni (come a Boston, per esempio) parlandoci solo con gli occhi.

Quando Fiorenza è morta tutto è finito, passavano le settimane, passavano i mesi e Giacomo non veniva più a cena da me, quasi non mangiava, se ne stava in ufficio o in casa chiuso in se stesso come un serpente nelle inapribili spirali del letargo. Quanto dura il letargo dei serpenti?

«Sembra un peccato schiacciare questi petali.»

«Già.»

Era il nostro primo tête-à-tête da mesi.

«Senti Giacomo...»

Gli stringevo il braccio, lui taceva. Mi sono fermata e ho alzato le mani verso la sua testa.

«No, Bea. No, ti prego.»

«Ma volevo solo toglierti i petali, sei tutto bianco, sembri uno stregone polinesiano.»

E allora lì, in piedi davanti allo stregone, gli ho detto che lo capivo, che mi rendevo conto, che quello che era successo a casa mia non poteva continuare nello stesso modo, che la morte di Fiorenza era un confine, un limite.

«Mi sento ancora in colpa» diceva lui. «Adesso peggio di allora.»

«Ma no, quale colpa. L'abbiamo fatto nel senso più bello, più alto.»

«Chiamiamo le cose col loro nome» diceva lui con un mezzo ghigno, «una scopata è una scopata. L'abbiamo tradita, la nostra amata Fiorenza, l'abbiamo cornificata, questa è la verità. Mentre lei si spegneva, noi sotto col 69 e tutti i numeri della tombola, questa è la maledetta verità.»

Rabbioso, vendicativo, voleva sbattere giù tutto, storcere tutto nella prospettiva più turpe, più disgustosa. Vecchio peccatore pentito ai piedi della vecchia abbazia.

Ma no, Giacomo, no e no, non è stato così, protestavo io. Era un momento disperato, abbiamo fatto una cosa disperata ma bellissima, Fiorenza avrebbe capito, avrebbe detto...

Avrebbe detto, sibilava lui, un marito che non ha quel minimo di sensibilità, di normale decenza, per controllarsi con la mia migliore amica, un gran figlio di puttana che si scopa la prima puttana che si trova a tiro. Questa è la verità, Bea.

S'era levato un venticello soave e la pioggia di petali s'infittiva; camminavamo in silenzio sotto quella che a me pareva, semmai, una benedizione, una candida assoluzione.

«Ho tradito lei e umiliato te. Mi sento un verme.»

«Ma no, Giacomo, io non mi sento umiliata, assolutamente.»

«Un animale.»

«Ma non c'è mai niente di animalesco in queste cose. È tutto nella testa, come fai a non vederlo? È sempre tutto mentale, non lo capisci?»

Ma era inutile, col senso di colpa non discuti, non ragioni. Nemmeno col tuo, anche se io non riuscivo a provare né colpa né rimorso, proprio non vedevo l'oscenità, la bestialità, la bassezza.

«Comunque spero che non romperemo la nostra amicizia» chiedevo sorridendo.

«Ah quella no, quella mai! Sei un'amica straordinaria, una donna eccezionale.»

«Forse come puttana» dicevo io sempre sorridendo.

Lui mi ha stretto il braccio, me l'ha messo intorno alle spalle.

«Ma no, cosa dici, che c'entra, quella è stata una... parentesi che dobbiamo dimenticare tutti e due, come se non fosse successa, morta e sepolta. L'amicizia è l'amicizia, l'affetto resta quello di sempre, perché alla fine... solo tu mi sai dare...»

Ha infilato le dita tra le mie. Cos'è che gli sapevo dare? Non ha trovato le parole, povero Giacomo, o piuttosto le ha trovate, ma sbagliate.

«Sei sempre bellissima.»

E mi allontanava a distanza di braccio per rimirarmi.

Ah, quel "sempre" che vuol dire "ancora"! Ancora per due anni, tre anni? Una pugnalata.

Ha cambiato discorso, ha cercato di riprendere la sua disinvoltura. Dato che eravamo qui, perché non passavamo un momento all'abbazia, a dare un'occhiata al pontile?

«Ah, il nartece, il famoso enigma del nartece.»

«Ma perché lo chiami così?»

«Non lo so, è Casimiro che lo chiama così, o anche jubé, saranno nomi tecnici. Porta sempre qualcuno a vederlo, me compresa. No, non ne ho voglia del nartece, dammi le chiavi, guido io.»

Un macchinone tedesco metallizzato, da banchiere. Ma poi, a una curva, non so come, mi è slittato il piede, abbiamo sbandato proprio sull'orlo della strada, ho inchiodato appena in tempo.

«Ma come guidi, Bea?»

«Scusami, è un'auto un po' pesante per me, non sono abituata.»

Sotto di noi la strada, molto stretta, scendeva a curve e controcurve precipitose disegnate da un bambino o da Giotto, fino al fondovalle rosso di papaveri.

«Potevamo finire laggiù, tu pensa.»

«Bea, ma cosa dici, che idea.»

«Be', non è male un campo di papaveri. Meglio del groviglio sull'autostrada, per chiudere.»

«Bea, non scherziamo, fammi guidare a me.»

Sono scivolata sul sedile accanto mentre lui scendeva e prendeva il volante. Mi ha accarezzato la mano, mi ha detto che mi voleva bene.

«Anch'io, anch'io.» E te lo dimostrerò, caro Giacomo. Sempre, ancora.

La giornalista

Due stanze al piano rialzato di una casa popolare, due finestre coi gerani affacciate sulla fabbrica dismessa. Era lì che abitava la cuoca del Centro. La cuoca non c'era ma c'era la figlia.

«Mi manda la Lucia, del Centro.»

Quella ha alzato il mento, stava ferma sulla porta, una mano appoggiata in alto, allo stipite, per sembrare più alta. Un tappetto in canotta rossa con la scritta STAFF sulle tette, jeans sbrindellati, piedi nudi.

«Che c'è? Che succede?»

Quando le ho spiegato che ero della tv e volevo parlare di Milena con sua madre o con lei ha detto «Boh» e mi ha fatto entrare. Tinello con angolo-cucina e un forte odore di caffè che stagnava tra i muri arancione. Sul tavolo erano impilati libri e fotocopie di libri e dispense e in un angolo la ragazza s'era fatta spazio per il suo pranzo, uno yogurt e un uovo alla coque, con le striscioline di pane integrale da intingerci dentro già pronte su un volume rilegato.

«Scusa ma non ho niente da offrirti, questo è tutto il mio pranzo, alle tre ho una lezione. Un caffè alla fine, se ti va.»

S'è rimessa a mangiare l'ovetto, slurp slurp, e intanto mi chiedeva del mio lavoro, lei voleva laurearsi in Scelte Collettive o qualcosa del genere all'università di Alessandria, e sperava di trovare poi un qualche tipo di lavoro di ricerca anche minimo in tv, era il suo sogno. Che facevo, le spiegavo cos'è veramente il nostro lavoro ai livelli minimi? La stavo a disilludere con gli splendori di Teleschifo o Telefogna? Quella ragazza mi faceva pena, chissà perché. O forse ero io che mi facevo pena. Vanessa, così si chiamava. Aveva alle dita un bel po' di anellini e anelloni da niente, le unghie malamente smaltate. Vai con lo yogurt, Vanessa.

«Mi ha detto Lucia che sei stata sposata.»

Sbuffo sarcastico. Quel muffito, quel vagabondo. Ma poi, più studentessa universitaria: «Un disadattato, essenzialmente. Un inconcludente, sempre a un passo dalla meta e poi... Fumo, zero via zero». Ritorno in tinello: «Insomma, non combinava mai un cazzo».

Col tovagliolo di carta ha spazzato via una macchia di uovo dalla copertina di un libro.

«So cosa vuol dire, ci sono passata anch'io. Tu hai preso un master in buchi nell'acqua, gli dicevo nei momenti di tenerezza nella vasca da bagno. Per fortuna, niente figli.»

«Nemmeno io.»

E così adesso la manteneva la madre, la cuoca, che le parlava spesso di questa Milena, che però lei Vanessa non aveva mai conosciuto, l'aveva solo vista in fotografia, la foto era appesa di là, se volevo l'andava a prendere, la foto del gran matrimonio al castello.

«Vengo con te.»

«Scusa il disordine.»

La stanza, molto affollata, era tutto un bonbon rosa antico e aveva un armadio a tre ante, due letti sfatti divisi da un tappeto "persiano", un tavolino con la macchina da cucire, una specie di copriletto verde gettato su una sedia, uno scaffale appeso vicino alla finestra.

«Ecco, vedi?»

Era una bella foto, classico formato cabinet, con la cornice di plastica trasparente: contro un muro di mattoni mezzo coperto di rampicanti stava schierata una dozzina di persone. Al centro la sposa, bellissima davvero, con un vestito bellissimo anche lui, azzurro ghiaccio, chiaramente griffato e un sorriso chiaramente di circostanza, tirato su col cavatappi da chissà quale collo di bottiglia del malaugurio. Povera Milena. E il marito, il banchiere, l'ho subito riconosciuto, la sua faccia compariva ogni tanto sui giornali. Bell'uomo, alto, asciutto, un braccio attorno alle spalle di lei. Sorriso zero, ma gli occhi erano pieni di convinzione, compiacimento, anche forse sollievo: la pallina era entrata nella buca, finalmente.

E poi c'era Lucia, al settimo cielo, con un cappellino di paglia nero, c'erano due dame a capo scoperto, c'era don Traversa, c'era anche Semeraro in completo scuro e cravatta, c'era un altro paio di invitati (uno sarà stato il castellano), e un altro prete, il parroco del paese.

«Bella foto, bella festa.»

«Ma c'era molta più gente, la mamma ha l'album completo da qualche parte.»

«Sul centinaio di persone» ha detto Semeraro dalla porta. «Un vero party.»

Aveva le chiavi, era entrato.

«Guarda guarda la giornalista, chi non muore si rivede. E a Novara tutto bene, dormito bene?»

«Benissimo grazie.»

«Tu sei pronta?»

Portava lui Vanessa alla lezione di Alessandria.

«No, mi devo cambiare, vattene di là.»

Semeraro è filato buono buono e ha chiuso lasciando però uno spiraglio. Con un unico gesto Vanessa s'è sfilata la canotta rossa, poi giù i jeans con due colpi d'anca. È rimasta in reggiseno e tanga. Il reggiseno era del tipo push up ma c'era poco da spingere sia su sia giù. E le gambette erano proprio gambette, il culetto solo un culetto in stretta economia.

«E adesso?»

Ha sollevato quella specie di copriletto dalla sedia, che era poi un vestito.

«Quello stronzo.»

Gliel'aveva regalato Semeraro sbagliando completamente la misura, adesso sua madre doveva scorciarlo di dieci centimetri, tutto un lavoro.

«Guarda qui.»

La striscia già tagliata era appoggiata sulla macchina da cucire. Vanessa la prendeva con due dita, me la sventolava sotto il naso. Non lo sapeva lo stronzo che lei era alta 1,57 e che un affare così lungo strisciava per terra, raccoglieva tutte le cicche e le merde del marciapiede?

«Ma se l'ho preso al volo al mercato di Biella, era l'ultimo che c'era in offerta.»

Semeraro aveva infilato la testa nello spiraglio.

«Un capo firmato, una vera occasione.»

«Falso come te, cosa credi. E se mi facevi venire con te io avrei capito subito la misura.»

«Ma se a te del torneo di bocce non te ne fregava niente!»

Sabato lui era andato a un torneo di bocce, a Biella, e non l'aveva invitata.

«Mi dovevi invitare lo stesso, è una mancanza di rispetto, lo vuoi capire o no?»

Semeraro aveva fatto due passi dentro la stanza, le strappava di mano quel cencio verdastro, alzava la voce. Si offendono sempre, gridava, tirano sempre fuori questo rispetto del cazzo! Tu gli dipingi le stanze come vogliono loro, diventi matto a trovargli il colore giusto, arrivi coi tuoi regalini, le porti su e giù all'università, gli porti il mango e la papaia e loro si offendono lo stesso per la minima cosa, ti saltano agli occhi sempre e comunque. Non gliene va mai bene una che è una, hanno sempre da ridire, da farti il muso, da fare le permalose, le suscettibili...

«Abbiamo la nostra sensibilità, caro il mio cafone» diceva Vanessa infilandosi dei jeans praticamente identici a quelli di prima.

«Ma andate a farvi fottere tutte quante!» diceva il cafone.

«Non da te, comunque» sibilava Vanessa.

Era lei, non la cuoca, a farlo filare. E si tirava su le coppe del push-up, mentre guardava me, mi faceva l'occhietto. Dunque eravamo ancora alla provocazione, non c'era ancora riuscito, il Semeraro, a papparsi questo bocconcino un po' ossuto, un po' scricchiolante. La figlia e la madre: gli doveva piacere l'idea, più che altro, al maiale del santo. O magari poi scoprivi che era veramente innamorato perso (tutto è possibile, perfino che Dio esista, come diceva quel mio ex di stampo religioso). Lei s'è infilata una T-shirt cortissima, bianca come la neve, con la scritta MALA davanti e STRANA dietro, e sotto il solito ombelico urbi et orbi. Scarpe da corsa o sandali alti così?

«Andiamo, dai, sono cinquanta chilometri!»

Sandali.

«Ma dovevo annaffiare i gerani.»

«Lo faccio poi io stasera. Dai vieni.»

Semeraro l'ha caricata su un piccolo fuoristrada Toyota nero e polveroso (suo o del Centro?) e se ne sono andati verso le fonti del sapere. Da un finestrone senza vetri e telaio della fabbrica abbandonata tre africani grandi e grossi nei loro mantelli multicolori ci seguivano con occhi oziosi, indifferenti.

La figlia

I due minatori (cercatori d'oro) bussavano esausti e assetati alla porta della locanda e da una finestrella si sporgeva la locandiera, li salutava con grande (forse eccessiva) cordialità, li faceva accomodare, li faceva sedere su una panchetta rossa con inchini e sorrisi, gli versava da bere nella mano (destra) chiusa a bicchiere. I due, ingenuamente, bevevano. Poco dopo, presi da una sonnolenza invincibile, crollavano su due minuscoli giacigli e la locandiera si affrettava a sfilargli dalla sinistra i loro sacchetti di pepite, d'oro e d'argento. Stava per fuggire col bottino ma non aveva fatto i conti con lo sceriffo, che appariva sulla porticina, si curvava un po' per entrare, capiva al volo la situazione, risvegliava i due cercatori con un'iniezione di antidoto, recuperava oro e argento e ammanettava la locandiera.

"La locandiera ingannatrice", così papà aveva battezzato questo gioco inventato e via via perfezionato da lui stesso, da Matti e Tommi e dalla locandiera Milena.

Eva, la bambinaia così così (molto così così, ma chi ha il coraggio di mandarle via, te ne può capitare un'altra anche peggio) se n'era andata in giugno. In luglio i bambini in barca col padre, il grande marinaio, mio ex marito, per tre settimane (isole greche) ridotte poi saggiamente a due. E a fine mese di nuovo a Torino e da lì a Courmayeur, dove pioveva sempre.

È stato in quel periodo che Beatrice ha trovato Milena. Come esattamente? Be', referenze dai Merzari che si trasferivano negli Stati Uniti: ragazza d'oro, bella presenza, gentile e lavoratrice. Caldamente raccomandata anche da un'amica di Beatrice a Milano, Maria Ludovica, che avevo visto qualche volta. E c'era pure di mezzo questo prete di Novara o Vercelli, don Traversa, di quelli che aiutano le immigrate. E del resto quando una ha l'acqua alla gola non sta tanto a guardare chi si mette in casa. Sembra pazzesco ma è così.

La capanna l'ha presa papà in un fornitissimo negozio di via Cernaia ed è rimasto lì a controllare mentre i due addetti la montavano in giardino sotto il faggio bicolore. È una bellezza, di truciolato dipinto a tronchi di pino e sul tetto a lastre di ardesia. Canadese, dicevano. Porticina bassa e due finestrelle a battente unico con una feritoia per infilarci il fucile in caso di orsi, tigri, indiani, mostri venuti dallo spazio. E due brandine gemelle lunghe nemmeno un metro e mezzo, dove Matti e Tommi si precipitavano quando c'era un temporale per sentire le gocce cadere rimbombando sul tetto e godersi quella protezione nel cuore della foresta.

«Via, via, venite via, non si sta sotto gli alberi quando piove così, può cadere un fulmine!» diceva Milena cercando di tirarli fuori.

«E allora mettiamo un parafulmine!» protestavano i due.

La locandiera ci teneva alla sua locanda, metteva ordine, aveva incollato alle pareti diversi ganci di plastica cui appendere archi, mitragliatori ad acqua, costumi e mantelli, e la sera annodava all'uncinetto due coperte patchwork per i lettini dei minatori. Una scena familiare, idilliaca, da stampa ottocentesca, con la luce che spioveva dal paralume su quelle manine operose.

È questo che ha colpito papà? Ogni tanto alzava gli occhi dal giornale, guardava Milena, poi mi sorrideva. Ma chi andava a pensare? Io non ho mai avuto il minimo sospetto, la minima premonizione. Una cretina babbea (ma anche con Jacopo è stato lo stesso: non-vedente cronica).

Poi una sera poco prima di cena lo sceriffo (s'era pure procurato una stella di latta) è arrivato alla porticina con un attimo di ritardo, la locandiera è sgusciata via, lui l'ha rincorsa per il giardino sventolando le manette di plastica, l'ha afferrata da dietro, l'ha tenuta stretta contro di sé per un attimo troppo lungo. Prendila, prendila, ci ha ingannati, strillavano i minatori eccitatissimi. Papà l'ha rigirata e arrestata. Ora doveva recitarle i suoi diritti, ogni parola che dirà eccetera. Ma era rosso in faccia e anche Milena lo era. Posso dire di aver capito, o almeno intuito? Forse sì, ma in quel modo inafferrabile, inesprimibile in cui si capta questo genere di cose. E a tavola papà era allegrissimo, lei invece muta.

Così è andata, per quanto indietro posso ricostruire gli eventi.

Papà, a sessant'anni, s'era invaghito della bambinaia extracomunitaria ventunenne. Il puro disastro. E il puro egoismo, perché quello che ho pensato al primo lampo è stato per la verità: ma tu guarda che pasticcio disumano, questa qua andava così bene, adesso mi toccherà licenziarla, mettermi a cercarne un'altra, ripartire da zero, che rottura infinita, che strazio immane. Vado da Bea, mi sono detta. E qui, su questo stesso divano dove siedo ora, ho preso il tè (verde) e le ho confidato la seccantissima novità.

La carabiniera

No, il vestito non l'avevano trovato, diceva Gilardo, ma la mela di marmo sì.

«Vieni che ti faccio vedere.»

Davanti alla villa c'era ancora un gruppetto di giornalisti, fotografi e tele-operatori, ma molto sfoltito e senza bava alla bocca, cani non più famelici, stracchi, demotivati. Tutti avevano il cellulare all'orecchio, parlavano. Il procuratore, il capitano e il banchiere erano già venuti nel primo pomeriggio e già se n'erano andati, lasciando lì il branco ad aspettare.

Non invidio questi schiavi del "tempo reale", una formula idiota per dire più o meno "contemporaneamente", credo. Mentre il fatto succede eccomi qui pronto a vederlo, filmarlo per voi. E intanto aspettano, le spalle s'incurvano mentre aspettano un'ora, tre ore, otto ore e il vero tempo reale gli scorre via tra le dita come acqua. Ma se poi penso obiettivamente al mio, di tempo reale? Ore, settimane, mesi ad aspettare dentro una macchina, un furgone, dietro una finestra, sempre con l'orecchio alla radio o al cellulare. Dopo un'indagine durata oltre un anno le forze dell'ordine hanno sgominato... Ma quell'anno era o non era di tempo reale?

Dice: sì, perché per noi si tratta di prendere sul fatto gente reale, ladri, rapinatori, spacciatori, assassini, mentre quei poveracci là fuori aspettano solo l'attimo in cui, sulla spiaggia dorata, uno strapagato zero bacerà una strapagata nullità. Il gossip, la futilità assoluta.

«Abbassa la testa» diceva Gilardo.

La porticina era fatta per dei bambini, come tutta la capanna. Ne avessi avuta una così io, a sei anni, che al massimo potevo infilarmi con le mie bambole sotto il tavolo di cucina.

«Insomma allora questa sarebbe la scena del crimine?»

«Non si sa» faceva Gilardo. «Adesso ce l'hanno al laboratorio.»

«Modus succedendi, secondo te?»

«Hanno bloccato la ragazza in casa, l'hanno stordita probabilmente con un colpo di mela alla nuca, l'hanno trascinata fuori e può darsi che l'abbiano spogliata e poi rivestita proprio qui nella capanna.»

«Anche strangolata?»

«Non si sa, ma questo posticino sarebbe l'ideale, no?»

«E hanno gettato via la mela?»

«O gli è rotolata di mano nella fretta, è finita sotto la brandina, lì.»

«Ma se è qui che l'hanno spogliata ci dovrebbe essere il vestito.»

«E invece non c'è, che ti devo dire.»

Appesi ai ganci alle pareti c'erano diversi costumi, Zorro, il Pirata, il Cow-Boy, l'Astronauta, il Guerriero Vichingo, ma nessun vestito da donna. Doveva essere bello nascere in una casa di ricchi, avere tante cose da bambini, tanti regali sull'unghia, in tempo reale. Vorrei d'Artagnan! Eccoti d'Artagnan, tesorino.

Lo dicevo a Gilardo, che alzava le spalle.

«Io mi divertivo lo stesso, mi arrangiavo con quel che c'era, i soldi non contano a quell'età. Se non hai la pistola, va bene anche la mano, punti l'indice e mani in alto, bam!»

Io mi lasciavo cadere su quel corto giaciglio, chiudevo gli occhi... L'uniforme, la pistola d'ordinanza, l'ordine, gli ordini. Vieni subito dal tenente. Vai a Vercelli. Controlla quello sfasciacarrozze. Parla con quel camionista. Sorveglia quell'autogrill. Ma perché mai quei due omaccioni che uscivano dall'autogrill erano più reali dei due deficienti che si baciavano sulla spiaggia dorata?

«Sono in crisi, Gilardo. Sono proprio morta.»

«Vuoi che usciamo, cerchiamo un bar, mangi qualcosa?»

«Non ci sono bar in questo quartiere» sussurravo in fin di vita.

«Già» sospirava Gilardo.

Si sedeva pesantemente anche lui sulla brandina parallela, poi si tirava su.

«Ma di là ci sono i due peruviani o colombiani, cuoca e cameriere, andiamo a farci fare un panino. Sono terrorizzati, ma un panino...»

«Dov'erano al momento del fatto?»

Lo zelo, il futile, non richiesto, automatico zelo tornava.

«A festeggiare qualcosa con altri peruviani, sono sempre pieni di parenti, di anniversari.»

Tenevo gli occhi chiusi, ma lo zelo, pur assopito, parlava, esalava.

«Però è strano, è una strana storia.»

Aprivo gli occhi e dicevo a Gilardo quel che mi suonava strano: l'avevano sequestrata, l'avevano rapita, ce l'avevano in macchina, potevano chiedere un riscatto, il banchiere avrebbe pagato un capitale.

«Ma questi sono bruti, un sequestro è un affare complicatissimo, non avevano le capacità, l'organizzazione.»

Ma la ragazza restava pur sempre un capitale, la potevano portare in Germania, in Spagna e rimetterla sul marciapiede, che bisogno c'era di ammazzarla? Una dimostrazione, diceva Gilardo, una lezione per tutte le altre. Succedeva continuamente, era gente che ammazzava senza pensarci due volte.

«Già, e anche rimessa in divisa da puttana.»

«Più chiaro di così.»

Vedevo la spiaggia dorata, quei due che si baciavano dietro una duna, una palma. E tu te ne stavi lì, dietro un'altra duna, bella abbronzata anche tu, con quel mare azzurro a pochi metri, e poi, scattato il clic del tempo reale, col tuo futile gossip in tasca, tornavi in albergo, facevi una doccia, bevevi una cosa colorata, ti allungavi sulla veranda, ti abbandonavi al tempo irreale, finalmente...

«Ma tu dormi, ragazza mia...»

«Sì, fammi andar via, devo tornare in spiaggia.»

E così Gilardo mi ha guidato fino al cancelletto sul retro, invisibile nel folto delle mangrovie.

La giornalista

Non è che le forze dell'ordine, quando ci vedono a noi giornalisti, si mettano a fare salti di gioia. Ma stranamente questa qui, questa carabiniera, quando è uscita da quel cancelletto (avevo parcheggiato a pochi metri senza neanche notarlo), ha avuto un piccolo sorriso, ha alzato la mano.

«Salve.»

«Salve.»

Ci conosciamo, ci siamo incontrate varie volte in corridoi e salette stampa, quando loro si mettono tutti in fila dietro il lungo tavolo esibendo mitra, pistole, bombe, coltellacci, oppure pacchetti e sacchetti di droga. Operazione Cavolo a Merenda. Dieci secondi di visibilità e domani hai voglia, non se ne ricorda più nessuno. Ma tu scusa cosa combini, mi diceva un mio ex di stampo velenoso, cosa resta di quello che fai? Dei filmati, dieci secondi di niente, che dormiranno magari un po' in un archivio e poi saranno bruciati, buttati nel cassonetto. Dove sta la differenza?

Una volta la vedevo, mi pareva di vederla, la differenza: free lance, libera come l'aria, niente orari, ora qua ora là, oggi assessori al Commercio, domani presidenti del Consorzio di Acciai Restaurati, intervista volante sui prezzi al mercato, una rapina in banca, una truffa alla vecchietta, la stessa vecchietta (più o meno) trovata morta in casa dopo tre settimane. Una festa, io e il mio fedele video (fedele da sette anni, perché Teleschifo il digitale non me lo passa).

«Dio che giornata» ha detto la carabiniera. «Sono morta.»

«Anch'io.»

Abbiamo fatto qualche passo insieme.

«Non ho niente da dirti e comunque non te lo potrei dire, sai com'è.»

Si è fermata. Da una crepa del marciapiede spuntavano due ciuffi d'erba e un fiorellino qualunque.

«E in ogni caso non avrei voglia di dirtelo, troppa fatica, sono proprio morta. E mi fanno anche male i piedi.»

Ma almeno avevano le scarpe d'ordinanza, la divisa, la mensa, la caserma, i commilitoni, una gerarchia, un ordine. Sapevano sempre dove stavano e perché. Una vita che aveva un senso, senza girare a vuoto in mezzo alle paludi, alle risaie.

«Però devo dire che le risaie sono belle, tutti quei quadrati d'acqua, non so... Oggi ho anche visto due aironi.»

«Vercelli?» ha detto la carabiniera.

«Sì, Vercelli e Novara, avanti e indietro.»

«Anch'io. Ma agli aironi non ho fatto caso.»

«Neri, erano. Lì sull'attenti ad aspettare le rane, immagino.»

Mi è venuto in mente il maiale del santo.

«Scusa ma tu sai per caso perché c'è un qualche santo sempre rappresentato con un maiale?»

«No, non lo so, è una di quelle cose che si sanno e poi a un certo punto si dimenticano. Perché? Tu fai i quiz alla tv?»

«No, ero andata a Vercelli a ficcare un po' il naso, sai, per quel Centro, per quel don Traversa and Company.»

«Già, anch'io.»

Abbiamo continuato a camminare a piccoli passi in silenzio davanti ad altre ville, siepi, cancellate, mongolfiere di fiori bianchi o intensamente rosa. Dei bambini fatti di gomma filavano disarticolati sui loro skateboard in mezzo alla strada. Isola pedonale.

«Bel quartiere.»

«Sì ma non c'è neanche un buco per mangiare una pizza.»

«Io non ci vivrei, comunque.»

«Hai un marito?»

«Non più, solo degli ex.»

«Io nemmeno quello, tranne uno che è meglio non parlarne.»

Eravamo arrivate alla mia macchina, mi sono fermata.

«Andiamo a farci una pizza da qualche altra parte?»

«No, grazie, sono troppo stanca. Doccia e nanna, non chiedo altro. Mangerò magari uno yogurt.» Sospiro. «Sono in crisi nera.»

Sospiro.

«Anch'io.»

Ma con l'idea ridicola di tirarle un po' su il morale le ho detto di Vanessa e Semeraro, se non c'erano già arrivati per conto loro. No, non lo sapeva, non c'erano arrivati, grazie.

«Magari vale la pena di una visitina, così, tanto per dare un'occhiata. Perché a me francamente quel Semeraro...»

«Già... E domani appunto devo andare a Biella a controllare un po' di cosette. Un torneo di bocce eccetera.»

«Il mercato? Il vestito?»

«Quale mercato? Quale vestito?»

Così siamo andate a farci questa pizza, dopo tutto, povere morte che eravamo.

La figlia

Secondo Bea non era il peggio del peggio. Rideva, diceva che papà avrebbe anche potuto: 1) cadere nella più irreversibile depressione; 2) mollare tutto e andare a vivere nello Yucatan; 3) all'opposto, voler trasformare la sua tutto sommato piccola banchetta d'affari in un gigante della finanza internazionale; 4) comprare una squadra di calcio; 5) trasferirsi in Africa e salvare cinquantamila bambini.

«Ma la bambinaia! Alla sua età!»

«Ma è un classico, tutta l'opera buffa è basata sul vecchio patrizio che perde la testa per la servetta.»

«Ma per il vecchio non c'è mai niente di buffo, finisce sempre cornuto e bastonato.»

«Papà non è affatto vecchio e si è molto ripreso negli ultimi tempi. Merito dei bambini.»

Lei, in un certo senso, aveva visto venire la cosa, non che se l'aspettasse ma vedeva tutto questo rimbalzo di energia, questo slancio per Matti e Tommi, ma più in generale un risveglio di vitalità, di curiosità, di interessi, una reazione molto sana, molto positiva al lutto, povero Giacomo.

«Ma la bambinaia, abbi pazienza! Che per di più mi andava così bene! Cosa posso fare adesso, santo cielo?»

Niente, non dovevo fare niente, secondo Bea.

«Ma qui, in casa, sotto il mio stesso tetto! Mi spiace dirlo ma a me sembra una cosa vergognosa. Ridicola e vergognosa.»

Ma il tetto, diceva Bea, non era mio, era pur sempre di mio padre, che mi ospitava, me e i miei errori. E comunque cosa volevo, cosa avrei preferito? Che lui le mettesse su un appartamentino nei dintorni per andarla a trovare dopo l'ufficio? La mantenuta? Oppure la profumeria, la confetteria, come si faceva un secolo fa in questi casi?

«E poi» confutavo io «tu pensa solo all'imbarazzo in casa, i bambini mica sono scemi, si accorgeranno che papà la tratta in un altro modo e anche per me sarà tutto un camminare sulle uova, come farò a dirle, che ne so, Milena si sbrighi, Milena non gli metta la sciarpa, un qualsiasi rimprovero sarebbe subito...»

«Ma se non la rimproveri mai, non ti ho mai sentito farle l'urlata» rideva Bea.

E comunque secondo lei le mie erano tutte paure infondate, premature, non era detto, non sapevamo, Milena sembrava, era, una ragazza seria, con la testa sul collo, capacissima di vedere da sé i pericoli di uno... sviluppo di quel genere. Qualche mese di sveltine furtive in una delle camere degli ospiti e poi tanti saluti, sbattuta via con un po' di euro. No, la ragazza era intelligente, non avrebbe mai accettato il pasticcetto, avrebbe detto di no a papà, piuttosto si sarebbe licenziata lei, si sarebbe trovata un altro posto.

«Ma se invece è innamorata? Se ci tiene anche lei a papà, che le rappresenta la famiglia, la figura paterna, la protezione, la sicurezza e le altre belle cose? È questo che gli manca a queste poverette, mica le sveltine.»

Bea se n'è rimasta zitta per un po', gli occhi fissi sulla piccola cascina color verderame dipinta dal suo amico.

«E bisogna anche considerare» ha detto sospirando «la possibilità che tuo padre non ci pensi affatto, alle sveltine.»

O mio dio, oh no, oh per carità! Papà innamorato davvero? No, ti prego! Be', era plausibile, no? Milena era molto bella, molto gentile, aveva modi affettuosi, un sorriso ravissant, i bambini l'adoravano... la moglie ideale, in una parola.

«No, no per favore, sarebbe... sarebbe... Io domani la licenzio, dopo tutto è una mia dipendente, no? Papà non c'entra, non può mettere il becco, è la mia bambinaia, la pago io, è al servizio da me! Domani stesso...»

«Non puoi farlo senza dirlo a tuo padre.»

«No, no, la moglie assolutamente no, non voglio nemmeno pensarci! Che poi sappiamo come sono gli uomini a quell'età! Vogliono un'ultima puntata sull'immortalità, vogliono ancora un figlio, due figli, per l'amor di dio! Tu pensa solo il casino. Cosa sarebbero per me i figli di una matrigna, renditi conto, e una matrigna rumena di ventuno anni! I fratellastri, zii o cugini di Matti e Tommi, c'è da morire, da morire...»

Bea mi guardava sorridendo.

«Su non farla così tragica. Non è detto, non sappiamo.»

«Domani fa le valigie. Quella ha calcolato tutto, si vuole sistemare, è una furbona ipocrita, ti dico. La serpe in seno, esattamente la locandiera ingannatrice. Prendetela, prendetela, ci ha ingannati tutti quanti!»

«Ma se lo sceriffo è suo complice...»

Dio che folle complicazione, che disastro da petroliera da centomila tonnellate spaccata in due davanti a Capri.

«E poi da dove arriva, alla fin fine? Chi è? Non sappiamo niente di lei, niente di niente, ti rendi conto!»

«Be', l'hanno avuta i Merzari, contentissimi, disperati di perderla. E Maria Ludovica mi dice che è stata anche in un paio di famiglie a Milano, mi pare, e a Vercelli. Anche don Traversa mette la mano sul fuoco, una ragazza molto rispettosa, molto educata, scrupolosa, buona, insomma...»

«Insomma la moglie ideale.»

C'è stato un silenzio lunghissimo, le mani in mano.

«Vuoi un caffè?»

«No grazie.»

Fiotti di petrolio nerastro scivolavano in tutti gli angoli, insinuavano dovunque le loro lingue implacabili.

«E immagina in banca, immagina solo la faccia di Taricco, se dovesse succedere.»

«Vediamo di non perdere la calma, d'accordo Camilla?»

«Ma è una cosa che va fermata a qualsiasi costo!»

«Vediamo di non esagerare, ci parlo io con la ragazza, va bene?»

«E anche con papà? Io non me la sento proprio, è una cosa... è troppo per me.»

Parlare degli affari di cuore dei genitori ai genitori è sempre troppo. È impossibile, anzi.

«Ma perché non te lo sposi tu, papà, scusa?» ho chiesto a Beatrice «Saresti perfetta.»

Lei si è messa a ridere allegramente.

«Per la più semplice delle ragioni: non mi ha voluto.»

La migliore amica

La tresca con la bambinaia! Giacomo, andiamo, fa cascare le braccia solo a dirlo, spero che tu veda il cliché penosissimo, tu che ti infili di soppiatto nella stanzetta della fanciulla col berretto da notte in testa e la candela in mano! Non si può, non sarebbe da te, è addirittura grottesco, lasciamelo dire.

Eravamo al golf, buca 5, lui giocava, io gli facevo da caddy, gli tiravo il carrello, lui camminava due passi davanti a me, tranquillo, per niente offeso e neppure stupito per quel mio piedone nel suo piatto, come si dice. Non c'era nessuna tresca, protestava sorridendo, erano cose che si mettevano in testa le donne, sempre pronte a montare tutto un romanzo a partire da un'occhiata. Ma l'occhiata che mi ha rivolto lui era divertita, sì, ma anche sorniona (no, compiaciuta).

Abbiamo fatto in silenzio quegli ultimi venti metri fino alla pallina, lui mi ha chiesto il ferro 7, poi col ferro in mano è rimasto a guardare i grandi alberi schierati sulla destra, massa verde con già qualche ricamo ingiallito agli orli.

Non c'è nessuna tresca, ha ripetuto, nessun romanzo, figuriamoci.

«Ma è chiaro che tu le piaci, ti guarda come se tu fossi in cima alla colonna di Vittorio Emanuele. Non si può andare avanti così, che facciamo, la mandiamo via?»

«Be', un momento... È brava coi bambini, sarebbe un vero peccato.»

«Oh, sai, i bambini... Ma a parte i bambini la ragazza ti piace, come ragazza voglio dire? Insomma, ci andresti a letto? A me lo puoi dire.»

«Be'...»

Sorrideva. Ha tirato il suo colpo senza starci a pensare e forse per questo gli è venuto non male, un po' corto.

«Come ragazza» diceva «è una bella ragazza, non dico di no... Ma non è quello... Non è per quello che...»

Io tiravo il trabiccolo e pensavo, appunto. Da uno come Giacomo non puoi aspettarti un madrigale, una romanza che canti la luce dei suoi occhi, la dolcezza del suo sorriso, la soavità dei suoi modi eccetera. Però era probabilmente quello, che voleva dire, che avrebbe detto se fosse stato un minimo articolato: si stava innamorando.

«Ti stai innamorando?»

«Ma fammi il piacere, Bea.»

Ha tirato un colpo disastroso, forte, lungo e la pallina ha sbattuto malignamente contro un ramo, è rimbalzata nel sottobosco.

«Accidenti!»

Era a me che rivolgeva l'accidenti e chissà quanti altri improperi trattenuti in gola. Il golf non ammette chiacchiere galanti, quasi correndo è andato al bordo del sottobosco e io dietro. Ci siamo messi a cercare la pallina che per fortuna era schizzata a pochi passi dal prato ma in una posizione pessima, dietro a un monticello di terra.

«Maledette talpe!»

«E tu spostala, non giochi contro nessuno, nessuno ti vede.»

Giacomo si è accigliato.
«Cosa c'entra, è una cosa che non si fa, che comunque io non posso fare.»
«Vedi?»
«Vedi cosa? Certe cose uno non può farle.»
«Per esempio?»
«Andare a letto con la bambinaia.»
Lui è rimasto lì a fissare la sua pallina malmessa.
«Ma sono pure andato a letto con la migliore amica di mia moglie» ha detto gelidamente. «Ho pur fatto...»
«Non è la stessa cosa, non era la stessa situazione.»
«Comoda lei...»
«Senti Giacomo, facciamo la cosa più semplice: mandiamola via, che sarà mai?»
Lui è rimasto zitto per un minuto buono.
«Che sarà mai» ha detto alla fine, gli occhi chiusi, «... di Milena?»
Ha preso dalla sacca un ferro a caso e ha tirato un colpo magistrale. La pallina s'è inarcata sprezzante sopra la talpa, s'è levata in cielo con una parabola di arrogante perfezione, è ricaduta a due metri dalla bandiera del green. Visto? Era innamorato, l'avrebbe sposata pur di non perderla.

La figlia

Doveva chiamarmi lei ma lei non chiamava e io non resistevo, friggevo, non potevo star ferma, andavo su e giù per casa, poi in giardino, poi mettevo la testa dentro la capanna della locandiera, poi mi dava ai nervi la ghiaia del vialetto (troppo grossa, troppo bianca, dovevo dirlo a Dragonero) e così, insomma alla fine, non resistevo proprio, l'ho chiamata io sul cellulare, pronto pronto, sono io, com'è andata? Dove sei?

Bea stava guidando, aveva appena lasciato la locandiera in piazza Castello, così si guardava due vetrine in via Roma e lei intanto doveva passare un momento in via della Rocca per quel regalo per la figlia della Tomatis...

«Sì, sì, ho capito, ma com'è andata, le hai parlato, dove l'hai portata, a casa tua o dove?»

«No, no, non a casa, poteva sembrare un interrogatorio, una convocazione dal...»

Ma la linea cadeva, non si sentiva più niente, forse Bea aveva visto un vigile con l'occhio attento a chi non rispetta il divieto, perché lei se ne frega dei divieti, la cintura la mette, e ancora, ma parlare al cellulare mentre guida per lei è assolutamente...

«Scusa, c'è un traffico bestiale, devo stare...»

E di nuovo cadeva, e io pensavo Beatroce, così la

mamma mi aveva detto che la chiamavano le compagne dalle suore francesi, perché se ne fregava delle regole, affrontava a muso duro anche la reverenda madre superiora, si presentava senza il grembiule, col suo kilt, e con lo spillone del kilt una volta...

«Ecco, dicevo, per la figlia della Tomatis avevo visto dei piatti di peltro tipo vassoio, tondi o ovali, piuttosto belli e comunque di figura, che secondo me...»

«Ma con Milena hai parlato, hai...»

«Sì, sì, tutto bene» diceva lei, «almeno nel senso che...»

E la riperdevo, Signore santissimo. In quale senso? Che almeno non era già incinta? Che non c'era già un banchierino slavo in arrivo? Friggevo. Morivo.

«Bea! Bea dove sei finita?»

«Ah scusa, ma anche una di quelle belle scatole laccate, lo so che non servono a niente ma ne avevo viste di...»

«Bea! Cosa mi parli delle scatole, dimmi cosa ti ha detto lei, dove l'hai?...»

«Ho avuto un'idea geniale, le ho chiesto, sempre per evitare l'apparenza del terzo grado, tu capisci, per dare il più possibile un tono casual a tutta la chiacchierata...»

Poi venivano altri sibili, altre raucedini, altre lontananze, altri silenzi. E infine usciva la parola "cimitero".

Che cimitero? Cosa c'era di casual in un cimitero?

«Bea, mi senti?»

«Sì, adesso ti sento.»

«Ma che c'entra il cimitero? Siete andate al cimitero?»

«Un posto ideale, il massimo della tranquillità» diceva lei. E anche un pretesto perfetto, così dava una mano a spolverare la nostra tomba di famiglia nel primo ampliamento, quel lungo colonnato a semicerchio dove poco più in là c'è anche la tomba di Massimo d'Azeglio, cioè non proprio la tomba, le vere tombe sono sotto, dei loculi, in realtà, in corrispondenza della cappella che sta sopra, con tutte le sue lapidi variamente ornate e in cima il mezzo busto del fondatore, un avo in marmo con la barba e i favoriti, 1799-1868, connesso coi Rothschild e con Cavour, remoti oscuri traffici per finanziare l'unità d'Italia e Cavour che voleva farlo nominare conte e lui che rispondeva con un famoso motto di non so più quale grande famiglia di Francia, Roi ne puis, prince ne daigne, ciapa lì.

«Ma c'è quell'impresa di pulizie, no, che passa tutti i venerdì, o i mercoledì, non so più.»

«Passa una volta al mese e comunque la polvere... E così ho preso su io quel che poteva servire, stracci, spazzoloni, un secchio caso mai, perché il secchio te lo dovrebbero...»

«Ma cosa ti ha detto, cosa le hai detto?»

Be', per metterla un po' a suo agio le aveva chiesto come sono i cimiteri dalle sue parti, in Romania e...

«Bea!»

«No, ma è interessante, dice che ogni tomba ha la sua piccola recinzione e una croce probabilmente ortodossa di pietra o di marmo, anche se il marmo non è troppo ben visto a quanto pare, è considerato un po'...»

«Bea, per favore!»

«Insomma, le tombe più vecchie hanno ancora la croce di legno, per quanto il legno con tutta quella loro neve tremenda...»

«Non voglio sapere della loro neve, voglio sapere che cosa ti ha detto!»

No, dovevo stare tranquilla, non era ancora successo niente, era tutta una cosa di occhiate e sorrisi e rossori, e così sarebbe rimasta perché la ragazza era intelligente, era seria, capiva benissimo la situazione, non doveva coucher assolutamente, per nessuna ragione, nemmeno per un milione di dollari.

«Perché papà le ha offerto un milione di dollari?»

No, niente del genere, papà le faceva dei minuscoli regalini, dei piccoli pensierini, e lei li accettava ma non era un corteggiamento, non era un assedio, e comunque lei non ci pensava nemmeno a cedere, a imbarcarsi in un pasticcio scabrosissimo che sarebbe in ogni caso finito male, e piuttosto preferiva andarsene, trovarsi un altro posto da qualche parte, cambiare magari città, Milano o dove capitava, anche se Matti e Tommi erano bambini meravigliosi, lei si era veramente affezionata e a casa nostra si trovava bene, era una famiglia di brave persone, aveva detto proprio così "brave persone".

«Ma te ti senti una brava persona?»

«Io no, figurati» diceva Beatroce, «ma se le facciamo quell'effetto lì, perché disilluderla?»

La volontaria

È stato Semeraro il primo a parlarci del matrimonio. Non a me, che ancora non avevo capito fino in fondo il Giuda bastardo e tutto il male che poteva fare, ma che comunque lo tenevo già a distanza, non mi è mai andato a genio, e viceversa.

È venuto dalla direttrice, da Maria Ludovica, a raccontare che aveva avuto l'incarico di raccogliere precise informazioni su Milena. "Precise informazioni." Da chi? Be' qui le cose non posso dire che siano proprio chiare, perché quello che so lo so da Maria Ludovica, quando mi ha chiamato nel suo ufficio.

Dice: la richiesta delle "precise informazioni" viene dal banchiere dove Milena è a servizio come bambinaia. Semeraro aveva lavorato per il banchiere anni fa, autista, guardia del corpo, vigilante o cose del genere e il banchiere lo considerava un uomo di fiducia (bella fiducia!) e si vede che ogni tanto lo chiamava, gli affidava piccole indagini di sorveglianza privata, non so. Quei controlli che non si possono fare attraverso la banca o perché magari serve qualche contatto riservato in questura (è un ex poliziotto, Semeraro? Mai saputo).

Ma il banchiere è al corrente o no del triste passato di Milena? No, non ne sa niente, non è stato informato e del resto non è lui il datore di lavoro, a cosa serviva starglielo a dire? Ma la figlia coi bambini è stata informata?

«Diciamo, genericamente.»

Maria Ludovica era imbarazzata, prendeva su dal tavolo il suo telefonino, se lo passava da una mano all'altra, lo apriva, lo richiudeva di scatto, lo rimetteva giù senza chiamare nessuno.

«Cioè a dire?»

«Insomma Lucia, lo sai anche tu, quando escono, al primo lavoro le mettiamo in casa di gente non sicura ma sicurissima, famiglie disposte a prendersi la responsabilità, che si impegnano a finire il nostro lavoro di recupero, che le aiutano anche in senso affettivo, perché queste nostre povere sorelle devono sentirsi non solo protette, non solo utili a sé e agli altri ma anche ben volute, e vorrei dire stimate, apprezzate, proprio in quanto con l'aiuto del Signore hanno avuto questo coraggio di...»

Addio, perso il filo, come le succedeva anche quando, le rare volte, la intervistavano in tv e poteva andare avanti il quarto d'ora con bonus, ormai sperduta nelle risaie.

«Sì, ho capito, ma io volevo solo sapere se la figlia del banchiere è al corrente.»

«Be', guarda, le abbiamo detto che Milena veniva da una situazione molto difficile, che aveva avuto traumi e quant'altro, ma che ne stava...»

«Gliel'hai detto tu personalmente?»

«No, le ha parlato Beatrice, sai quella mia amica di Torino che...»

«Lo so, lo so, e insomma la tua amica non ha raccontato come stavano le cose *veramente*.»

«Ma era già il terzo, no il quarto impiego per Milena, e a quel punto siamo più o meno fiduciosi... Voglio dire che le ragazze hanno dimostrato di potersi gestire da sole, che il passato è passato, che il taglio è netto e definitivo e quindi la nostra politica sarebbe, sempre restando il Ianua il loro punto di riferimento fondamentale e anzi, il porto amico sempre pronto a...»

Addio.

«Così né il banchiere né la figlia sanno che viene dal marciapiede.»

«No, perché Milena si può considerare autonoma, ha delle ottime referenze che s'è guadagnata da sé, ormai può volare con le sue ali, secondo noi...»

Il cellulare ha suonato, Maria Ludovica se l'è messo nervosamente all'orecchio dalla parte sbagliata, ha pasticciato un po', è partita a parlare con don Traversa, tutto un lungo discorso di affitti e dilazioni per un Centro a Firenze, ma su Milena non una parola.

«Ma a don Traversa ne hai parlato?»

«No, appunto per questo ti ho fatto venire, volevo prima consultarmi con te.»

«In che senso?»

«Nel senso se dobbiamo avvisare il banchiere.»

«Ma se dici che non c'entra niente, che non è lui il datore di lavoro.»

«Non è il datore di lavoro ma una sua richiesta di informazioni può voler dire solo due cose: o che Milena li ha insospettiti, si comporta male, s'è messa a frequentare brutta gente, ha magari rubacchiato una catenina, un po' di euro...»

«No, impossibile! Assolutamente impossibile!»

Maria Ludovica approvava con la testa.

«Eh già, non sembra possibile...» ha fatto una pausa. «E allora può voler dire che il banchiere s'è innamorato di lei, che la vuole sposare.»

«Ossignore, ossignore benedetto!»

Sono scoppiata a piangere, niente da fare. Questo mio vizio, perché è proprio un vizio, lo riconosco, mi mette regolarmente in una posizione stupida. Cioè, sembro proprio una povera stupida piagnucolosa, che si commuove per la minima cosa. Ma la mia non è commozione, io non sono commossa, sono emozionata, c'è una bella differenza. Un'emozione qualsiasi, anche una porta che sbatte, per dire, anche una frenata sotto casa, mi chiude la gola e mi fa aprire i rubinetti. Sarà una questione di ghiandole, chissà.

Ma intanto Maria Ludovica ha cominciato coi suoi su, su Lucia, fatti coraggio, calmati un momento, dopo tutto non è mica una cattiva notizia, dobbiamo solo parlare della nostra Milena e di quello che le conviene o non le conviene fare, su, prendi il fazzoletto, non è mica una tragedia.

Non sarà stata una tragedia ma io avevo visto benissimo il punto e perché Maria Ludovica chiedeva consiglio a me: se quel banchiere voleva sposare Milena senza sapere niente del suo passato, toccava a noi informarlo o potevamo anche lavarcene le mani e starcene zitte? Ecco la gran questione.

Lacrimavo, mi asciugavo gli occhi ma la mia idea me l'ero già fatta in una soffiata di naso. Maria Ludovica non aveva il fegato di decidere per conto suo, voleva dividere con me la responsabilità, e la responsabilità io per Milena me la prendevo anche tutta.

«Non gli diciamo niente.»

Lei protestava (o fingeva di protestare). Era una questione delicatissima, una questione di coscienza, un passo che poteva poi costare caro a Milena e al centro, un peccato di omissione, certo, non una bugia, non una menzogna vera e propria, ma dal punto di vista morale era comunque una di quelle...

«Senti, con don Traversa non ti vuoi consultare e va bene. Perché tanto sappiamo già cosa direbbe, no? Ma in ogni caso io trovo che bisogna parlare prima con lei, bisogna discutere la cosa con Milena, sentire come la pensa, come prende questa possibilità, che idea si è fatta del suo possibile avvenire di moglie.»

Adesso era lei, era la Giraffona, non dico a piangere, ma a prendere l'aria afflitta, spalle curve sulla scrivania, sospiri come tanti chiodi strappati. Bravissima organizzatrice, fredda, lucida, efficiente. Ma appena deve uscire dal pratico non si raccapezza più, l'ho visto tante volte. Con le emozioni non lega proprio.

«È troppo, è troppo» mormorava. «Cosa dobbiamo fare Lucia?»

«Milena ha davanti un'altra vita. E se la merita al cento per cento, è il Signore che gliela offre, non il banchiere. E noi non possiamo metterci contro, non possiamo fermare la mano di Dio.»

«E stiamo zitte?»

«Prima parliamo con lei. Francamente, col cuore in mano.»

«La facciamo venire qui?»

«No, andiamo noi a Torino.»

«Ci vai tu, io... Io non so cosa dire, darei solo...»

Scaricabarile. Le tremava il labbro, alla Giraffona.

«Su, su Maria Ludovica, non metterti a frignare, non fare come me, non è mica una tragedia, dopo tutto. Milena può rifarsi una vita, una volta per tutte, e noi dobbiamo darle una mano, per quanto sta a noi, ti pare?»

La barista

Apertura: ore 7-21, e alle 21.03 ero lì che tiravo giù col gancio la serranda del bar Ciro, e me lo sento alle spalle, il Pocopane Attilio, in divisa e tutto. Gli ho fatto la faccia scura.

«E allora?»

Che pretesto poteva ancora tirar fuori, a quest'ora? Un supplemento d'indagine? Ma va' là. A me, se del caso, piacciono anche quando arrivano senza pretesti, sfacciati, a muso duro. Ma quando si presentano col pretesto è come il mazzolino di fiori, tipo. Si sono sforzati, si sono ingegnati, almeno.

«No, niente, volevo solo controllare un nome, se mai ti diceva qualcosa.»

La serranda era a metà.

«E mi vuoi portare in caserma per un nome?»

«No, non pensavo...»

«Lo so io cosa pensavi...»

Rosso come un pomodoro.

Il primo passo lo facciamo sempre noi, sempre. Basta un sorriso, una mezza occhiata, e loro capiscono che gli diamo il via libera per farsi sotto. Cioè: capiscono, ma non ammettono, credono di aver fatto loro la mossa, i seduttori, i manovratori.

«Scusa, eh, ma io qui non ho mica finito, devo ancora fare la pulizia in sala, ce n'ho ancora per un pezzo...»

Di colpo ho tirato giù fino in fondo la serranda per vedere che effetto gli faceva lo schianto. Un bel sobbalzo. Ma allora quando i banditi gli sparano...

«D'accordo, aspetto» e s'è messo praticamente in posizione di sentinella con le mani dietro la schiena, lì davanti al bar.

«Ma no salame, vieni dentro che passiamo dal retro.»

E una volta dentro ho acceso tutte le luci, ho preso secchio e straccio dallo sgabuzzino accanto alla toilette, mi sono messa il grembiule di fatica e alé.

«Ti posso aiutare?»

«Be', guarda, se mi metti le sedie sopra i tavoli...»

Lui pronto con lo scatto, le prendeva a due per volta finché il pavimento è stato tutto sgombro. Per dire, un servizio così Chris non me l'aveva mai fatto; all'animaccia sua.

«Dopo ti offro qualcosa.»

«Non c'è bisogno.»

«Alza i piedi, va' magari a sederti sul banco.»

Lui subito: il mio bel pollo in stivaletti neri. Proprio carino.

«E cos'è questa storia del nome? Che nome?»

«Be', niente, è un nome che è saltato fuori stamattina.»

«Di chi?»

«Un certo Janko.»

«Janko, eh? Albanese? Slavo?»

«Non sappiamo, abbiamo ancora pochissimi elementi.»

«E sarebbe lui l'assassino?»

«Non sappiamo. Tu l'hai mai sentito qui in giro?»

Ci davo dentro, sbuffavo, sudavo, colavo, ma non me ne fregava niente. Tante storie per deodoranti e depilazioni, tanti spot per creme e profumi, quando poi l'unica cosa che conta è se tu... se loro... se lui... al primo impatto...

«No, mai sentito... Janko, dici. Ma era il pappone? Il gargagnano?»

«Non sappiamo.»

«Ma tu cosa pensi delle puttane? Ci vai?»

Lui vago (come tutti): qualche volta, così, anni fa, ma non gli davano soddisfazione, non era veramente... Ma con le ragazze come faceva, allora? Se le portava in caserma? No, per carità, ci mancherebbe. Ma tanto adesso c'erano delle belle carabiniere nelle camerate, no? Colleghe sempre pronte al servizio dell'Arma.

Lui, sospirone.

«Sei innamorato di una marescialla, dì la verità.»

«Ma figurati! Ma neanche...»

Ciocche giù per le guance, sugli occhi, sul naso, ma io preferisco che mi vedano al peggio; se gli va così tutto il resto è in gradito omaggio.

«Ecco, ho più o meno finito.»

Ho fatto il saltello per sedermi accanto a lui sul bancone.

«Hai fame? Ti posso scaldare delle pizzette nel microonde e ci sono rimasti dei panini un po' della terza età, di stamattina, tonno e pomodoro, formaggio e...»

«Non ho fame. Anzi, no, pensavo che magari...»

«Vuoi invitarmi a cena?»

«Be', pensavo...»

Ci pensava lui e ci pensavo anch'io.

«Ma tu, dimmi la verità, come giudicheresti una ragazza che ci sta subito, senza tante storie...»

Rosso Ferrari.

«Che hai una bella fortuna o che lei è una puttana?»

«No, no, dopo tutto anche le ragazze hanno... cioè, se per caso gli va sul momento, be' voglio dire... Insomma è più che naturale, in fondo anche loro...»

Mi guardava, poi guardava le file di bottiglie dietro di noi, poi di nuovo me.

«E se fosse questo il momento?»

Non sapeva se doveva ridere o se poteva passare direttamente al bacio, mettermi le mani sotto il grembiule.

«Qui sul bancone?»

«Qui sul bancone. Ma se in servizio non siete autorizzati...»

Lui rideva, finalmente.

«Un po' duro» dicevo io, «ma bello largo.»

Si è lanciato, pronto intervento, e io sono scivolata giù dal banco.

«Cosa credevi?»

«Be', avevo capito...»

«Hai capito male.»

«Scusa tanto.»

Un muso lungo così, quando gli sgusci tra le mani al novantesimo minuto.

«Su, dai, che ti invito a casa mia e ti faccio conoscere un mio amico.»

È la prova-coniglio quella che conta per me. Se legano subito con Nerino, se Nerino li approva, allora ci sto anch'io, senza tante storie.

La volontaria

Conosco poco le chiese di Torino, ne ho visitate diciannove l'anno del Giubileo, erano tutte aperte e tutte bellissime, ma così poi in pratica mi è rimasta in mente solo una gran confusione, me ne ricordo bene una sola, piccola piccola, un amore tutta di legno, Santa Pelagia, in una via chissà dove, che comunque la aprono solo in certe occasioni e quindi non potevo darle appuntamento lì, a Milena, per cui in conclusione ho scelto la cosa più semplice, il Santuario della Consolata, protettrice della città che tutti conoscono, in pieno centro, e non chiude mai, o solo poche ore.

C'è quel bel colonnato sul davanti e quel campanile molto più antico e tutta la piazzetta è come se fosse sempre pronta per una festa, fiaccole, canti, luminarie, magari con la neve, insomma una cosa allegra. E dentro tutti quei marmi rosa e quell'oro che sbaluccica da tutte quelle cappelle e cappellette, un salto nella luce, nella gloria di Nostra Signora, refugium peccatorum, consolatrix afflictorum, auxilium christianorum, ora pro nobis, che ne avevo bisogno.

Ho acceso un cero nella seconda cappella a sinistra e mi sono seduta in raccoglimento. C'era poca gente e quel silenzio speciale delle chiese che ha dentro dei passi, dei fruscii, dei mormorii, degli echi strani, ma che sempre silenzio è e mi dà tanto conforto. C'era una freccia con l'indicazione dei confessionali e per un momento ho pensato di andare lì a confessarmi, ma poi ho capito che sicuramente la confessione era per modo di dire, non avevo fatto niente, non avevo colpe: era solo *l'intenzione* di una colpa che mi tormentava. E allora cosa cercavo? Di scaricarla sul prete, far decidere a lui, poveruomo, che non sapeva niente di Milena e del nostro Centro e del banchiere e di Semeraro. Mezz'ora se va bene per spiegare la situazione con Milena che arrivava da un momento all'altro.

Ho pregato, ho pregato in ginocchio. E ho cercato di ispirarmi al Vangelo.

Cosa dovevo fare? Cosa aveva fatto Gesù con l'adultera, con la meretrice di Samaria, con Maria di Magdala? Le aveva perdonate, salvate. E loro avevano preso una nuova strada, avevano cambiato vita, come Milena, uguale. Ma il banchiere? Nel Vangelo non compariva nessun banchiere, d'accordo che allora non c'erano, mettiamo allora un ricco mercante, un cambiavalute. E se chiedeva "precise informazioni" su quelle peccatrici, anzi ex peccatrici, Gesù gliele dava? Probabilmente no, probabilmente avrebbe detto andate in pace, una cosa così. E lo stesso dovevo fare anch'io? Andate pure, il passato è purificato, è cancellato, non conta più niente, sposatevi tranquillamente e ricominciate daccapo.

Ma poi pensavo: non sarò mica matta a volermi mettere nella testa di Gesù? Lui sapeva, Lui ti leggeva dentro, Lui prevedeva tutte le conseguenze delle azioni, dalla prima all'ultimissima. E io cosa sapevo prevedere, povera cretina ignorante? Che Milena sposava il banchiere e aveva dei bei bambini nella sua nuova vita? Una soap, sapevo prevedere, una cavolata televisiva (che lo so che sono cavolate ma mi fanno piangere lo stesso).

Allora mi sono rivolta piuttosto alla Santa Vergine, mater boni consilii, sedes sapientiae (ora pro nobis), che mi desse una pallida idea di quello che dovevo fare. Sono tanto confusa, Le dicevo, sono venuta fin qui per commettere una cattiva azione, per star zitta, non dire la verità, ma però in buona fede, a fin di bene, per aiutare una povera ragazza perduta che invece si è ritrovata, ha saputo tirarsi fuori, secondo me merita la nuova vita che le offre questo banchiere. L'hai mandato Tu, il banchiere? È un uomo di cuore? Ci possiamo fidare?

Ma poi pensavo: del banchiere non so niente, ma in fondo nemmeno di Milena, nemmeno di Maria Ludovica, nemmeno di don Traversa, nemmeno di Semeraro. Niente di niente, sono tutti misteri, vai a capire cos'hanno veramente nel cuore e perfino io, cosa ne so di me stessa, mater castissima, mater inviolata (ora pro nobis). E se questa di Milena fosse tutta una sceneggiata? Se fosse una che ha recitato benissimo la parte della pentita, della redenta, solo per arrivare piano piano a mettere le mani sul banchiere, o su un avvocato, o un industriale? Una simulatrice, una gatta morta. Un'ipocrita che ci ha preso in giro tutti quanti. E io magari non lo volevo ammettere per vanità personale, magari lo sapevo ma per orgoglio non accettavo di essermi fatta prendere in braccio. La turula, la salvatrice che non ha salvato nessuno. Marameo.

Ho dovuto tirar fuori il fazzoletto, tanto per cambiare, e quando ho finito di soffiarmi c'era Milena accanto a me nel banco, seduta (io ero in ginocchio). Aveva quel suo bel sorriso mansueto, quella sua aria di innocenza, di purezza e così io ho riaperto i rubinetti, una crisi come quella non la auguro a nessuno.

Cosa fare, cosa dire, virgo prudentissima? E Milena che mi consolava, non fare così, Lucia, non piangere, non c'è motivo, non c'è ragione, va tutto bene. Tutto bene mia nonna.

L'ho presa per un braccio e l'ho portata fino a una panca che sta sopra la cripta a destra, era un po' come stare affacciate da un palco di teatro, e lì potevo parlare, sotto voce, dato il luogo, ma proprio per questo l'avevo scelto, una chiesa ti obbliga ai toni bassi e rispettosi e a dire solo l'essenziale, solo parole semplici e chiare che vanno dritte allo scopo, come nel Discorso della Montagna.

E allora sussurravo ma tu, Milena, lo sai, ti sei accorta che il banchiere ha delle intenzioni, e lei sussurrava di sì, già da un bel pezzo, ma che lui era una brava persona, non insisteva, voleva farle prendere la patente di guida e regalarle anche una macchina, voleva farle fare un bel viaggio, farle vedere Parigi e anche il Marocco, ma lei niente, non parliamone nemmeno, era una cosa sbagliata, una cosa brutta sotto il naso dei bambini e della figlia, e anche la signora Beatrice era pienamente d'accordo, piuttosto andar via, cambiare lavoro, cambiare città, anche se...

Adesso piangeva lei, ma in silenzio, non come me, e io pregavo, pregavo, regina confessorum, regina virginum, regina pacis (ora pro nobis), a vedere quelle piccole lacrime che scendevano giù. Una pena. E anche una gran vergogna, perché avevo dubitato di lei, l'avevo rinnegata, come poteva essere una simulatrice, un'ipocrita falsa e bugiarda la mia Milena? Le ho preso la mano tra le mie e le dicevo di no, di stare serena, non dovrai scappare, non dovrai andartene chissà dove, perché lui ti vuole sposare.

Lei non ci credeva, ma cosa dici Lucia, l'ha detto a te, è impossibile, mai e poi mai, una come me. Piangeva più di prima. Qui era il nodo. Rosa mystica (ora pro nobis), turris davidica (ora pro nobis), turris eburnea (ora pro nobis). Ma lui non lo sa da dove vieni, sussurravo, e se è per noi non glielo diciamo, noi ti aiutiamo, ormai non sei più quella di prima, sei un'altra donna, Milena, hai un'altra anima, è tutta lavata e purificata, e se il Signore ti manda questa occasione la devi prendere, è come un miracolo, sei come Lazzaro, alzati e cammina, e che fa Lazzaro, non si alza, non cammina?

Ma lei scrollava la testa, non poteva, non poteva assolutamente, lui era una persona onesta e se la voleva sposare doveva sapere chi sposava veramente, non era giusto non dirgli niente, che poi tanto c'era sempre il Diavolo che in qualche modo saltava fuori e rovinava tutto, vai mai a sapere, una spiata, un ricatto, no no, era meglio dire tutto, liberarsi sinceramente di quel brutto peso e pazienza per il matrimonio, se era poi vero che lui la voleva sposare, una come lei.

E io che avevo dubitato, domus aurea, foederis arca, ianua caeli, stella matutina (ora pro nobis). Ma ho ancora insistito, pensaci bene Milena, noi non gli diciamo niente a questo banchiere, né io né Maria Ludovica, né la signora Beatrice, né Semeraro, ci prendiamo noi la responsabilità, siamo tutti dietro di te, vogliamo solo il tuo bene, e comunque non è una bugia, è un peccato di omissione, al massimo, che...

E don Traversa, sussurrava lei, cosa dice don Traversa?

Non sa niente, non gli abbiamo detto niente, l'abbiamo lasciato fuori dal problema.

Ecco vedi?

Ma anche lui, se lo sapesse...

No, Lucia, no, è un'azione disonesta, io non posso, non ho il coraggio di rifarmi tutta una vita su una bugia...

Ma la tua vita è già tutta diversa, tutta cambiata, non lo vedi, e poi non è una vera bugia, è solo...

È una bugia grossa così, Lucia, lo sai anche tu. Non posso proprio, no.

Pensaci ancora, Milena, ti scongiuro. Non dirglielo subito. Pensaci ancora bene, fallo per me, dormici sopra, non precipitare le cose, siamo tutti con te, cara Milena.

Lei piangeva, faceva cenno di sì ma piangeva sconsolata. E anch'io ho pianto e pregato per quasi tutto il viaggio di ritorno, da poco prima di Chivasso a dopo Santhià, sancta Dei genitrix.

La figlia

Papà non era più papà ma non potevo andarglielo a dire, papà non sei più tu, sei cambiato e altre belle frasi del genere che non servono assolutamente a niente. Scene inutili, come del resto avevo già visto e sperimentato con Jacopo, mio ex marito: tiriamo fuori tutto, liberiamoci, guardiamo in faccia la verità. Ma dov'è la verità, che diavolo di faccia avrà mai? Le giri intorno da tutte le parti e te la ritrovi sempre di profilo, massimo di tre quarti. Pura e semplice perdita di tempo.

E poi insomma la verità era che papà s'era innamorato di Milena, una bella ragazza molto più giovane di lui, e che di conseguenza portava i suoi bei capelli grigi un po' più lunghi, alla "direttore d'orchestra" da film. Tutto normalissimo, addirittura banale. Il vedovo che si consola. Con la bambinaia? Sissignora, con la bambinaia.

Cambiato? Ma che ne sapevo io di com'era papà, prima? Cosa gli passava per la testa quando c'erano per casa bambinaie che si occupavano di me? Quelle svizzerotte di Uri, quelle inglesi disastrose. Di belle non mi ricordavo che ce ne fossero state, ma chi può dire? Magari anzi era da quei lontanissimi tempi che si preparava la cosa. Impulsi repressi allora che adesso finalmente... Psicologia da giornaletti femminili, da telenovele per serve (e per me, che una la seguo da anni senza vergogna).

Finalmente una sera siamo seduti nel suo studio. Grave, solenne, mi dice che vuole sposare Milena (non certo una sorpresa, Bea mi aveva avvertito da settimane). Cosa puoi rispondere? Ah, bravo, tanti auguri? Ti vengono in mente le frasi più idiote, non so, contento te, oppure, bel colpo di vita.

Lui non si spiegava, non si giustificava, non cercava comprensione o altro. E non ha mai fatto allusione alla mamma, a quella lunga angoscia della malattia, a quella terribile smorfia di sorriso. Aveva deciso e basta.

Be', balbettavo io, se sei proprio sicuro... Sicurissimo, diceva lui e ha cominciato a farmi in crescendo l'elogio di Milena agitando la sua bacchetta: le qualità, le virtù, come i bambini l'adoravano, e via via che parlava si scioglieva, si illuminava, sorrideva, un vero innamorato che canta sotto il balcone.

Un pezzettino, o pezzettone, di verità, non l'abbiamo nemmeno sfiorato. Lui probabilmente lo considerava un dettaglio da niente, io no. Io immaginavo i ghignetti dietro la schiena, le frecciatine, ma tu pensa il vecchio Giacomo ha sposato la bambinaia di Camilla. La classica mésalliance. E tutti a scrutare, a passare la rumena al microscopio, come si veste, come si pettina, come parla. Feroci.

Ma ormai qualsiasi matrimonio, diceva Jacopo riferendosi al nostro, è essenzialmente una mésalliance. E Bea mi consolava: sì, sul momento sembrerà un po' ridicolo, ma è solo un momento, la gente si stufa presto e Milena imparerà in fretta, è intelligente, basta spiegarle che tutte quelle calamite sullo sportello del frigorifero sono un po' così, anche se divertono i bambini. E noi le eviteremo di diventare una madamina col visone.

Ma al golf? Alle cene del Whist, del Rotary? Se la caverà benissimo, un anno, anche meno, e nessuno si ricorderà che faceva la bambinaia da te. A parte poi che Torino non è precisamente la Parigi di Diderot e Madame du Deffand. Pensa solo alla moglie di Taricco. E mi elencava, feroce anche lei, tutte le tragiche pseudo-dame, le mezze calzette, le nullità subumane, le galline cerebrolese del nostro giro. E Nicoletta? E Patrizia con le sue ridicole stoffe? E Ilaria? Per ognuna un colpo alla nuca, niente prigionieri.

Papà non stava più nella pelle, scoppiettava, si alzava, camminava per lo studio, mi offriva quel suo supremo Armagnac di 47 o 67 anni (no grazie), veniva a sedersi sul bracciolo della mia poltrona. Era felice.

«Papà sei felice?»

Lui mi guardava perplesso, non aveva dato un nome a quello che provava.

«Be'... sì, forse si può dire così.»

Rideva, mi parlava dell'anello, se potevo andare con lui dal gioielliere di famiglia, e se pensavo che il castello di Casimiro fosse troppo per il matrimonio, ma comunque una cerimonia molto sobria, non più di trenta o quaranta persone, o forse era meglio niente, mattino presto in quella cappelletta di Montiglio senza inviti, solo noi intimi, anche se però allora Milena poteva pensare...

Era commovente, povero papà, mi travolgeva come ogni tanto sei travolta da quella specie di vento, di soffio improvviso che ti fa spalancare le braccia e chiudere ogni distanza, e stringere, stringere senza parlare, così. A quel punto anche io ero felice.

La migliore amica

E questa che proprio alla fine, proprio quando prefetture, consolati, ambasciate, ministeri erano stati tutti mobilitati, quando tutte le carte erano a posto, firmate e controfirmate da non so quanti uffici, proprio adesso, con la cappella, l'altare, il parroco pronti al grande evento nel castello di Casimiro, e gli inviti (cinquantuno, ma poi cinquantotto) tormentosamente selezionati, stampati, spediti e il solito catering messo di mezzo, proprio adesso questa se ne viene fuori con una crisi di coscienza: gli racconto tutto o non gli dico niente?

Angelo mio, ma questi sono lussi che non ti puoi permettere, diciamo le cose come stanno. Sei stata brava, bravissima, hai avuto il tuo colpo di fortuna, il tuo premio, il tuo anello di Bulgari, cos'altro pretendi? Questi scrupoli dell'ultima ora sono completamente fuori luogo, se permetti, in una come te. La coscienza è una cosa magnifica, mica dico, ma nel tuo caso è una nota falsa, un di più, un inutile extra, francamente.

La verità? Ma la verità è per pochissimi, cara mia. Tutti gli altri, tutti noi che siamo qui a vagolare nella valle di lacrime, dobbiamo contentarci di mezze verità, quarti di verità, spicchi di mandarino di verità. Una vita tutta alla luce del sole ce la possiamo sognare, io stessa che non sono poi peggio di tante altre, non sai quante ombre mi sono lasciata dietro, quante nebbie, quanti angolini bui. E non me li ricordo nemmeno tutti, è questo il bello. Una dimentica. Le cose che bruciano sono tutte lì appese una per una intorno a te in pieno neon all'ultimo piano dell'ottimo Bon Marché; e poi invece cominciano a scendere, qualcuna si perde, si offusca, ancora un piano, poi giù di un altro piano e intanto si diradano, si confondono, non si vedono più, c'è meno luce, si arriva ai piani bassi, uno sotto terra, due sotto terra, e lì in mezzo alle auto parcheggiate le perdi di vista, non le ritrovi, non le riconosci, io ho fatto quel gesto, io sarei stata così carogna? Non è possibile, non è mai successo, l'avrò letto in qualche libro, visto in qualche film. E alla luce del sole entri in quel giardinetto, ti vai a sedere su una panchina e ti godi quel che ti sei comprata al Bon Marché: l'oblio, mia cara, l'oblio.

Tu hai già fatto moltissimo per tirarti fuori, hai avuto un grande coraggio, hai combattuto una grande battaglia e l'hai vinta. Tutti noi siamo ammirati, tutti noi siamo qui a sostenerti nella tua nuova vita, io, Lucia e Maria Ludovica e perfino Semeraro.

Don Traversa non è al corrente, dici. Ma don Traversa non è detto che ti spingerebbe a parlare, a tirar fuori la famosa verità. Chiamalo, se credi, va' a trovarlo e chiedigli consiglio. Ma lui è un prete, non dimenticarlo. Un uomo d'oro, ma un prete, uno che la coscienza ce l'ha per così dire sempre per le mani, come il rosario, e ci traffica dalla mattina alla sera, ha familiarità, ha confidenza, la conosce in tutti i suoi grani e granelli. Non è come per te, che tutto a un tratto ti accorgi che s'è svegliata e ti spaventi, ti sembra un drago che fa le fiamme, capisci?

Don Traversa ti ha aiutata, ti ha salvata, va bene. Ma perché proprio adesso ti tirerebbe via il tappeto di sotto ai piedi? Un tradimento, dici? Ma quale tradimento? Tu vai per la tua strada, fai la tua nuova vita, che è esattamente quello che sperava, che voleva don Traversa, e tutti noi con lui, cara la mia ragazza. Se decidi di parlare, se racconti tutto al tuo fidanzatino, sei tu che tradisci in un certo senso, ti pare? Perché salterà tutto all'aria, questo lo vedi, no? Una vera bomba gli porti in dote al tuo maritino. Tutto finito, tutto buttato via, e tu, bene che vada, dovrai cambiare lavoro, fare le valigie, cambiare città, sparire.

Perché sarà verissimo che lui ti vuol bene, ma per uno come lui ci sono dei limiti, è un uomo che occupa una certa posizione in questa città, non è solo la banca, è tutto quello che la banca vuol dire come amicizie, parentele, relazioni, alleanze, e non da oggi, ma da ieri, dall'altro ieri e via sempre più indietro, hai visto le date sulla tomba di famiglia?

Se gli dici la verità non ti potrà sposare, non se la sentirà di correre un rischio simile, a parte il dolore di lasciarti eccetera. Ma uno come lui non ama il rischio, la sua banca non è di quelle che rischiano, è di quelle che cercano di prevedere il peggio, di fiutarlo in anticipo, e sono sempre stati bravissimi. E sposare una ex prostituta è un rischio pazzesco, passi la vita giorno per giorno con l'angoscia che qualcuno salti fuori con la bella scoperta, ma lo sai che tua moglie...? No, assolutamente, non ti sposerà, sarà disperato ma non avrà altra scelta.

Tu fa' quello che vuoi ma per me, per tutti noi che ti siamo affezionati, l'unica è di startene zitta e convincerti che il passato è passato, morto e sepolto, e che tu sei un'altra persona, un'altra donna, con tutto il diritto di ricominciare, una fortuna che tra l'altro non capita a chiunque, te lo assicuro.

Un matrimonio fondato su una bugia? Ma se lo sono tutti, tutti! Bugie grosse, mezze bugie, cose non dette, cose dette a metà, lasciate nel vago, sospese sulla testa di moglie e marito. Cosa credi, che i matrimoni abbiano delle basi di cemento armato, con poi sopra la basilica di San Pietro, la Tour Eiffel? Non è così, non funziona così, tutto traballa continuamente, è come vivere in Giappone, in Iran, dove hanno quei terremoti interminabili da centomila vittime.

Se te ne stai zitta e buona e ti sposi, il tuo matrimonio sarà più o meno come tutti gli altri, te lo garantisco. Anzi, meglio, perché tu sei giovane e la differenza d'età ti dà un bel vantaggio, beata te. Basta solo che a letto non prendi tu l'iniziativa, lasci fare a lui, è lui che ti deve insegnare i segreti dell'acqua calda, o almeno crederlo. A parte che questa faccenda dell'acqua calda ha un'importanza relativa, in fondo. È il resto che conta. E cos'è il resto, tutto il resto? Be', non lo so, arrivata alla mia età ancora non l'ho ben capito. Piccole cose che però... Gocce. Petali. O invece grandi cose, grandi paroloni, non so. Forse nessuno lo sa e se lo sa non sa dirlo, non riesce a metterci il dito, a stringerlo, e ci si deve arrabattare coi poeti o col minimo che minimo non è, ti amo ancora, non ti amo più, ti ho sempre amato, ti amerò sempre, e simili miserie. Dovrai vedertela tu, sei tu che ci starai insieme giorno e notte, tutti i giorni, tutte le notti, non sono io che ti posso aiutare. Non vuoi una tazza di tè?

Ecco quello che ho detto a Milena, più o meno, grosso modo, all'incirca, a grandi linee, per convincerla a non fare la stupida e sposare il suo Giacomo. A casa mia, bevendo tè verde che fa bene a non so più cosa. Sarà bastato? Immagino di sì, perché Giacomo non ha mandato a monte il matrimonio, ha davvero sposato la sua Milena e tutta la cerimonia davanti a cento persone è stata un vero successo, fino all'arrivo di Janko.

La giornalista

«Ma tu l'hai visto, no, questo Janko» dicevo al telefono, «hai visto tutta la scena, hai...»

«No, no» diceva Nicoletta «io non c'ero, non ero invitata e comunque non potevo, quel giorno avevo da fare, mi ha raccontato tutto Gabri, sai, no, Gabrielle...»

Non sapevo, non la conoscevo, questa Gabrielle, ma per Nicoletta e quelle come lei è sottinteso che tutti conoscano tutti, che sappiano vite e miracoli di tutti, di prima, seconda o terza mano. Cinquanta, poi cinquecento, poi mille persone sempre meno interessate ma comunque al corrente.

«Ma è una storia già di sette o otto mesi fa, è successa a settembre, mi pare, da Casimiro» diceva Nicoletta. «Quel suo bel castello, ci ho portato già due volte i miei bambini, è un angelo quell'uomo.»

I suoi bambini sono sempre trenta o quaranta perché Nicoletta è attivissima nel sociale e per questo la conosco, una volta le ho fatto una lunga intervista (poi molto tagliata) su questo suo impegno coi minori multietnici, sudanesi, pachistani, amazzonici, che lei segue e indirizza e protegge dai vari orrori organizzando anche le cacce al tesoro presso Casimiro o altri angeli. Lei stessa ne ha adottati due (Bielorussia e Brasile o Erzegovina e Yemen?) e secondo un mio ex che ci aveva messe in contatto il marito di lei va in giro per casa ridotto ormai a ripetere un unico suono, ong, ong, ong, come uno scimmione stranito. Ma sono cattiverie.

«Gabrielle c'era perché è pur sempre la moglie di Oddone e lei ha visto, anche se ci ha capito poco: la cosa sarà durata due, tre minuti al massimo, una specie di parapiglia con urla e spintoni, e lei, la sposa, che si dibatteva e cercava di mordere l'imbucato. Gabrielle dice che ha pensato a uno scherzo, non solo lei del resto, finché questo ceffo, questo Janko, un bel tipo però, non è stato bloccato da una bottigliata in testa e poi Casimiro e Giacomo e altri l'hanno sbattuto fuori di brutto. Ti dico, tre minuti al massimo ma comunque l'essenziale l'abbiamo poi capito tutti, che cioè Giacomo aveva sposato una ragazza rumena arrivata dritta dal marciapiede, insomma una puttana, capisci? Io per me dico che ha fatto benissimo, finalmente un gesto concreto con tanti che si riempiono la bocca di solidarietà e poi non muovono un dito. Ma sono un po' l'unica a pensarla così, capirai a Torino.»

Capivo, capivo. Ancora tanto quanto a Roma, a Milano. Ma qui. E lui, banchiere da generazioni, gestore di patrimoni torinesi. Aveva perso la testa per la puttana, aveva addirittura voluto sposarla? Padronissimo, ma chi ti dice che un domani il folattone non perderà la testa per i bond argentini, per le miniere di re Salomone? Pericoloso affidare i tuoi soldi a uno così.

Non c'era stata denuncia (violazione di domicilio, aggressione, lesioni, ingiurie gravi eccetera) e il ceffo, questo Janko, se l'era filata con qualche ammaccatura tra i verdi colli del Monferrato. Scopo: evitare uno scandalo, o meglio, evitare la cronaca rosanera, giornali e tv (Teleschifo compresa) alla caccia dei particolari più eccitanti, pronti ai titoloni, resa dei conti al castello, la cortigiana e l'arzillo banchiere, quella donna è mia eccetera. Ma lo scandalo tra quei cinquanta e poi cinquecento c'era stato, e bello velenoso, come aveva capito la mia carabiniera («C'è stato un *altro* scandalo prima del delitto, sono sicura») e adesso lo cercavano dappertutto, questo Janko, era lui l'indiziato principale, frontiere, aeroporti, stazioni, autostrade, una vera caccia all'uomo. Avevano pure dato ai giornali una fotografia che non serviva a niente, come al solito, perché quando mai incontri per caso quella faccia in autobus e la riconosci? E avverti i carabinieri e poi non era lui, era un elettricista di Gassino, perdi mezza giornata e ti becchi magari anche una querela.

Ma una che l'aveva vista da vicino, che aveva visto tutta la scena al castello, una testimone pienamente informata sui fatti, io ce l'avevo a portata di macchina. Lucia. Che era là anche lei a festeggiare la sposa, la sua cara Milena. Ho pensato di chiamarla al Centro Ianua, poi ho pensato che non me l'avrebbero passata, poi che magari era a Torino nella caserma degli inquirenti, poi che alla fine cosa mi costava tentare, muovere il culo e filare a Vercelli tra le placide placche argentate delle risaie e gli aironi neri, uno qua uno là, immobili, di guardia.

La vecchia contessa

Se ricordavo, se ricordavo? Ah, ricordare! Da questa finestra, sì, il cedro del Libano colpito in pieno da un fulmine un pomeriggio verso le tre, la crepa abbacinante nel muro di chiffon nero e lo schianto, l'inaudito schianto. Questo vuoi sapere? Va bene come ricordo?

No, signora contessa, non è questo, non...

E allora quando quella mamma e quel figlio che lei aveva dato in adozione secoli prima e lui era poi emigrato in Australia o in Patagonia (sì, in Patagonia) si sono finalmente riabbracciati su quest'altra specie di finestra, e piangevano, piangevano, fiumi di lacrime anche se io non ci sono cascata nemmeno per un minuto, era televisione, era tutto combinato, tutti facevano finta, come te, petite pute, che vieni qui nella mia torre travestita da carabiniera a farmi domande, a farmi ricordare cose lontane, cose svanite o forse nemmeno mai successe, a una vecchietta di ottantasei anni, la vecchia Margot, grand'maman Margot, ancora lucidissima (a tratti, aggiungono però sottovoce), sempre seduta su una delle sue quattro poltrone lassù nella sua torre, una vista sui quattro punti cardinali, le colline fino all'orlo del cielo e il giardino, i colori, il gazebo, il tennis, la faggeta più sotto, la piscina che non si vede, il cedro stroncato, spezzato come un fiammifero anni fa, secoli fa...

Ecco, appunto, signora contessa, ma quel giorno nel settembre scorso...

Ricordare, rimembrare, che è poi la stessa parola di remember, september... Era settembre, se lo dici tu. Un matrimonio, dici. Ma non era una caccia al tesoro o la presentazione di una nuova automobile o una rievocazione di figure storiche o una sagra del topinambur? On aura tout vu in questo castello, Casimiro è un agitato, mai fermo, non smette un momento di invitare, di promuovere, c'è continuamente una tregiorni del cane da pagliaio (ma dove sono più i pagliai?), un week-end delle bande paesane, e poi le finzioni tv, in costume e senza costume, con e senza parrucche, gli affitta il castello a tutti quei cani e quei porci che vengono qui sotto tutti truccati a recitare le loro scemenze, un duello perfino, con le spade chiaramente di legno come quelle che lui stesso quando era bambino, un bambino bellissimo...

No, mon ange, io non partecipo mai, non scendo mai, ci mancherebbe, la nonna se ne sta quassù nella sua torre, e dalle sue quattro finestre può vedersi la scena comodamente piazzata su quattro poltrone, queste due belle conchiglie di metà Ottocento che ti abbracciano la schiena meglio di un marito, di un amante, non trovi ma petite pute, non le sanno più fare di così giuste, così... affettuose, con tutti i loro noiosi dibattiti sull'osteoporosi e la cervicale, e le altre due che...

No, mi sposto da sola, ho il mio bastone, senti qua, toc toc toc, e mi sposto a quest'altra finestra oppure a quell'altra là, secondo i casi. La badante è gentile, è lei che mi porta su e giù di peso per la scaletta, una russa robustissima, anche se mi ruba i pistacchi la vache, io la vedo, ma la tengo un po' alla larga, parla solo per diminutivi, le mie manine, i miei piedini, il mio bastoncino, che invece, toc toc toc, è un bastone da pastore, papà l'aveva preso a un mercato a Grasse o a Manosque, è conico, tu vois, è sottile qui al manico e poi va giù sempre più svasato, chissà perché li facevano così, per dare più forza al colpetto sui moutons e le vaches, possiamo immaginare, senza far male, però...

September, con april giugno e september... Sì, può darsi, se lo dici tu, per me è un po' tutto lo stesso tu capisci, mignonne, vento a questa finestra, sole di qua, pioggia di là e lì nell'angolo nevicate in Molise, alluvione in Guatemala e tutti quegli attori che recitano, che fingono, con la parrucca o il maglione il reggiseno il cache-sexe la mitraillette il furgone del catering che salta in aria e tu, non dico te, dico quelle combinate come te con quel tuo pistolone, che giri l'angolo e lo punti a due mani, così, no mon petit chou, chissà quante volte l'avrai fatto...

No, non è saltata fuori nessuna pistola in quel film, in quella fiction, in quel matrimonio, ma la sposa non era in bianco, un'attricetta molto bella, occhi molto dolci ma un po' chiusa, un po' rigida, lo ricordo bene, un po' impreparata, faceva la sua parte ma sembrava, che ti posso dire, sulle spine, forse era la prima volta che recitava, nessuna disinvoltura in mezzo agli altri che sembravano gente del mestiere nelle loro mises calcolate, cappelli, collane, due o tre col colletto bianco da prete e anche mio nipote Casimiro che andava su e giù sul prato, mai fermo, sempre con qualcosa in mano, un piatto, un bicchiere, andava di qua e di là, les vaches lentement... no, non è così, sai a settembre col primo fresco, nei prati, quei fiori violacei, piccole coppe ravissantes...

Cara, lo so, lo so, il filo, il filo delle cose, dei giorni, della vita, come se ce ne fosse uno solo, hélas. Lentement dans les prés... No, nessuna pistola, nessun carabiniere, forse qualche guardia del corpo, giovanotti robusti e diciamo promettenti, capisci no, comparse che non dovevano far niente, girare tra gli invitati che facevano finta di chiacchierare, di bere champagne, e anzi i vini di Casimiro, lui fa anche uno spumante passabile ma non certo il più adatto per il mio kir, i miei pistacchi, e la vache crede che io non me ne accorga, ne pesca una manciata e se la mette in tasca, ma allora chiedi, nom de Dieu, chiedi e ti sarà dato, lentement les vaches, no, non è in quest'ordine, non mi suona...

Non capivo cosa dicevano, una risata ogni tanto e il lampo di un gioiello, ti piacciono i miei, tu niente, non li puoi mettere, sei in divisa, capisco, ma le parole non arrivano fino a qui, a parte che sono anche un po' sorda, ci vedo benissimo ma l'orecchio stenta, la vache, ma non ci perdevo niente, le battute sono sempre una pena, guardavo e vedevo la lamentevole scena, la lamentevole fiction, a meno che fosse la pubblicità di qualche aperitivo o formaggio o maillot da bagno, e tutti erano, io non sentivo una parola ma la regia era chiaramente, dovevano sembrare naturali, no, a loro agio, una bella festa, prendiamola allegramente, no, e invece in fondo gli attori e i figuranti avevano tutti, anche Casimiro, un'aria... trattenuta, gênée forse è la parola, non si lasciavano andare, facevano tutto secondo il copione, ma con un attimo di ritardo, sembrava, anche bere, sedersi, anche accendere una sigaretta, anche dirsi qualcosa all'orecchio, c'era sempre questo minimo ritardo e questo per me è colpa della regia, non trovi anche tu che sei del mestiere, ma petite?

Impacciati, ecco, ma forse così doveva essere, era tutto predisposto, chi lo sa, finché da laggiù, vieni andiamo all'altra finestra, da laggiù dove vedi solo mezzo campo da tennis, dietro la macchia di bambù e poi c'è la pagoda, io la chiamo così, non è un gazebo ma è una pagoda, una cupola di vetro e ghisa e legno, papà l'aveva fatta fare come spogliatoio per il tennis nel 1911, s'era tutta sfasciata ma poi Casimiro che a queste cose ci tiene, con tanto di docce e toilette, e forse quello se ne stava nascosto nelle toilette e sbuca fuori di corsa dai bambù, arriva sul prato travestito da voyou, anche se tutti oggi più o meno, e correva, correva sul prato alto, lentement dans les prés, no, l'ordine è diverso, correva in mezzo ai finti invitati, arrivava alla finta sposa che in quel momento stava bevendo un gran bicchiere di tè freddo, vero, perché Casimiro detesta il tè industriale, e lei ha lasciato cadere il bicchiere con un grido, finalmente un gesto credibile, un grido ben riuscito e il voyou l'ha presa per i capelli, l'ha fatta piegare quasi in ginocchio e urlava qualcosa e anche lei urlava sul prato, les vaches dans les prés, e a quel punto uno, un ometto basso e robusto che faceva anche lui la parte dell'invitato, scelto male, però, sul volgarotto, pescato per far numero all'ultimo momento, questa comparsa si precipita con una bottiglia in mano e urlava non ho sentito che cosa ma certo qualche insulto, qualche bestemmiaccia, nom de Dieu de nom de Dieu de nom de Dieu de nom de Dieu de merde, come quel routier quella volta sulla nationale sept che ha fatto tanto ridere la zia Aude...

Con la bottiglia in pugno, truce, cattivo, un buon attore dopo tutto. Va bene, ci sento poco, ma la vista è ancora buonissima, nove decimi, signora contessa, lei è molto fortunata, occhio di falco, occhio d'aquila e infatti non ci sono cascata, ho ben visto che anche la bottiglia era finta, l'ho riconosciuta subito, ce n'è una quantità in casa che servono a Casimiro e alla tv per le loro fiction, bottiglie di plastica che imitano perfettamente, etichetta compresa, certi vini, non so, per le loro finte vendemmie, i loro finti banchetti storici, tant'è vero che non si è rotta sulla testa del pauvre type, non c'è stato sangue, quello è crollato malamente, goffamente, pessima interpretazione, e poi l'hanno trascinato via in tre o quattro e la finta sposa piangeva, tremava, le altre finte dame l'hanno fatta sdraiare su una chaise-longue di midollino molto sbiadita, molto usata, papà l'aveva presa in India nel 1911, o forse già prima, e lì sul prato le stavano tutti attorno, il finto marito (o era Giacomo?) e Casimiro e Beatrice (ma cosa c'entrava lei?), les vaches, ah, les vaches dans les prés lentement s'empoisonnent. Sì, ecco, è così, è proprio questo l'ordine, hai visto la mia memoria petite pute? Ma che fatica ricordare, che fatica anche solo parlare, non hai idea tu che fai tante domande.

La volontaria

Dovevi dirlo, perché non l'hai detto, dovevi venire immediatamente da me, e da me, e da me! E non aspettare tutto questo tempo, tutti questi mesi e deciderti solo adesso quando ormai il male è fatto e la povera Milena non c'è più, dovevi capire la gravità, la pericolosità di quell'incontro stranissimo, di quella complicità evidente.

Dovevo, dovevo... La stupida. La turula che ha visto e non ha saputo fare due più due. Ma tu che fai la giornalista dimmi francamente: cosa avresti pensato? Passavi, e c'era quella vecchia cascina mezza diroccata a cinquanta metri dalla strada e tu vedevi due macchine ferme lì davanti sull'aia. Cosa c'era da preoccuparsi, cosa c'era da sospettare? Tu ti fermavi e andavi a chiedere il perché e il percome? Ma fatemi il piacere, fatemi il santissimo piacere.

Che tra l'altro non volevo arrivare in ritardo al matrimonio, mancava ancora un'ora buona ma io ho la guida prudente e quelle strade sono piene di curve, di salite e discese in mezzo ai boschi e ai campi e alle vigne, se mai ti capita qualcosa dove lo trovi il meccanico, l'elettrauto?

E poi ero contenta e felice, avevo la testa solo all'abbazia, finalmente l'avevo vista, tu sai che una volta era sotto di noi, nel Medioevo, stava sotto Vercelli, era il vescovo di Vercelli che faceva il bello e il cattivo tempo con quei canonici e chissà le penitenze che gli avrà dato per quell'errore, se è stato davvero un errore, del famoso pontile troppo stretto. Il jubé, lo chiamano anche. Il famoso jubé di Vezzolano.

Lo devi andare a vedere assolutamente perché è come una specie di tramezzo che taglia la navata a metà e lassù sul parapetto ci sono scolpite tutte queste figure di patriarchi, ognuno col suo nome e la sua barba, alte più o meno come questo tavolino, tutte in fila da muro a muro, anzi da pilastro a pilastro. Un effetto magnifico, ti assicuro, perché sono colorati, hanno gli occhi ben segnati e le guance belle rosse, e ce ne sono quaranta, Salomon e David, Booz e Esron eccetera, tutti gli antenati di Gesù, insomma, ma la stranezza...

No, grazie, basta caffè, sarebbe già il terzo e sono già così nervosa, sono fuori di me, non so più cosa pensare, non so più se si possa resistere qui al Centro, francamente, con don Traversa che mi guarda come una, come se fosse tutta colpa mia, la povera ciula, perché secondo loro io dovevo dirlo, dovevo subito segnalare il fatto, denunciare Semeraro, l'ottimo elemento che ripara la lavatrice, figuriamoci, e così mi facevo ridere in faccia, ma dai Lucia, cosa ti metti in testa, ma lo sappiamo che Semeraro non ti va a genio, sei proprio fissata, ma lascialo perdere, ma non farci caso, devi stare un po' allo scherzo...

Sì, forse magari prendo un gelatino, una pallina sola al... alla menta? no, ai frutti di bosco, che a me, tra l'altro, altro che scherzo, Semeraro, te lo confesso sinceramente, mi ha sempre fatto paura, ecco, l'ho detto, è un lupo, e in quel bosco con la Toyota del Centro, cosa ci faceva?

E che ne so? Gliel'ho detto e ripetuto anche ai carabinieri stamattina quando mi hanno riportato sul posto esatto, per la ricostruzione. Ma cari miei, è stato un attimo: l'ho visto lì fermo davanti alla cascina proprio sotto il muro di verderame e fumava con quell'altro, sfumacchiavano tutti e due, Semeraro e il ricercato, è stato un lampo ma li ho visti benissimo, lui mi avrà visto o non mi avrà visto, non so, ma io ci ho fatto caso e nello stesso tempo boh, non ci ho più pensato, va bene erano lì fermi a farsi una fumata e chi se ne frega, a Vezzolano non c'erano andati di sicuro, non li avevo visti dentro l'abbazia, non venivano certo a guardare quei quaranta nanetti con la barba, che poi però in realtà sono solo trentacinque, perché questo famoso jubé l'avevano fatto troppo stretto, non teneva quaranta babaccetti e allora i cinque rimasti fuori li hanno dipinti, tre sulla colonna di sinistra e due su quella di destra, non si sa come mai sia successa una cosa così, un errore di calcolo o chissà cosa, un vero mistero, uno sbaglio da Semeraro, perché sarà un ottimo elemento ma le sue riparazioni due volte su tre sono sballate, bisogna poi chiamare il tecnico vero, l'anno scorso quando è saltata...

Avevo detto una sola pallina, non tre, be', pazienza, fa lo stesso, che tanto se me ne vado dal Centro qui non ci potrò più tornare, un po' un peccato perché i gelati qui a Gelandia li sanno veramente fare, le ragazze ci venivano spesso ma io non me la sento più dopo quello che è successo, meglio i bambini, a questo punto, un Centro per bambini handicappati, tu hai bambini, sei sposata, ti piacciono i bambini? A Milena piacevano tantissimo, li sapeva tenere, ci giocava, diventava una di loro, era la sua vocazione, chissà se con questo banchiere...?

Io non so se gliel'aveva detto del suo passato, non so se l'avevo convinta a star zitta, a dimenticare, gliel'avevo tanto raccomandato quando ci siamo viste alla Consolata, ma lei voleva a tutti i costi confessare, raccontargli tutto, non so se l'ha poi fatto, al matrimonio non m'ha detto niente, mi ha solo abbracciata stretta stretta e naturalmente io piangevo di felicità perché comunque lui l'aveva sposata.

Ma l'aveva sposata sapendo o non sapendo, è questo il gran mistero, anche se poi, quando è arrivato quel bandito, quel Janko, tutti ovviamente l'hanno saputo, lui la insultava, la tirava per un braccio e per i capelli e la insultava, insulti irripetibili, parolacce da fogna, e tutti noi lì gelati a guardare, sembrava incredibile in piena festa, in mezzo a quei bei tavoli apparecchiati una scena così, e che la rivoleva indietro, la rivoleva sul marciapiede, finché è saltato fuori Semeraro con la bottiglia...

Cosa ho pensato, cosa dovevo pensare? Non lo so, non ho più capito niente, li avevo visti insieme a fumare un'ora prima e adesso si picchiavano, Semeraro l'ha preso in pieno sulla testa e l'altro è crollato giù lungo e disteso come un birillo e poi Semeraro e gli altri l'hanno trascinato via, quello s'è rimesso in piedi, è scappato giù per il bosco, e Milena era terrorizzata, balbettava, non riusciva a parlare, e il marito e la figlia e la signora Beatrice l'hanno posata su una sdraio e io cosa dovevo pensare, cosa dovevo fare? Chiamare io i carabinieri, e in casa d'altri?

Ma se gli aveva dato la bottigliata in testa chi poteva immaginare che erano d'accordo, che facevano solo scena, adesso tutti me lo dicono: era tutta scena, è stato Semeraro a guidarlo fino al castello, il lupo maledetto, ma lì sul momento mi spieghi come potevo immaginarlo io, se nessuno, dico nessuno, se l'è immaginato? Solo io sono la cretina, solo io la povera ciula?

La figlia

Prima, vi dico, *prima*! Mio padre ha saputo tutto *prima* del matrimonio! E vi posso anche ricostruire il giorno esatto, se può servire. Una sera, anzi. Una notte. Erano le due passate e lui bussava alla mia porta e ci ho messo un po' a svegliarmi, non sentivo, e poi me lo sono trovato davanti con quella faccia tutta chiusa, tutta barricata, lei sa cosa voglio dire, avvocato. Nove giorni *prima* del matrimonio.

Ma no, ma che lettera anonima, quale telefonata! È stata lei, è stata Milena a dirgli la verità, e lui adesso veniva da me a confidarsi, a discutere la cosa. È stato zitto in piedi vicino al mio letto per un bel pezzo, poi si è messo a camminare su e giù per la stanza e io ero spaventatissima, gli chiedevo ma papà stai male, cosa è successo, cos'hai, vieni qui, siediti, dimmi cosa è successo. E lui alla fine si è seduto sul mio letto come quando ero piccola ed è riuscito a staccare le labbra, a far funzionare le mascelle.

Milena aveva fatto la vita, aveva fatto la prostituta, ecco cos'era successo.

E come lo sai?

Me l'ha detto lei.

Un pugno in piena faccia, un colpo tremendo.

E adesso cosa facciamo, come risolviamo. S'è rimesso a camminare e io non aprivo bocca, lei sa com'è papà, avvocato, lei è l'unico da cui si lascia dire le cose, ma sono comunque cose d'affari, cose non personali, con me e con la mamma ha sempre preso lui tutte le decisioni importanti, non gli è mai piaciuto discutere, ne so qualcosa io.

Poi mi è venuta in mente Beatrice, la nostra migliore amica, della mamma e di papà, e anche mia, e ho pensato che magari potevamo parlarne con Beatrice, una donna che, lo so che state interrogando anche lei, lo so di Semeraro, ma al momento mi sembrava l'unica cosa da fare, con lei ci dicevamo tutto, era una di famiglia e potevamo chiamarla e sarebbe venuta subito, anche in piena notte.

Ma papà ha tagliato corto, non una parola con nessuno, né con Beatrice né con chiunque altro, glielo dovevo addirittura giurare, era una faccenda sua personale tra lui e Milena, non voleva consigli e pareri da nessuno, toccava a lui, solo a lui, prendere una decisione. Ho capito solo dopo che la decisione l'aveva già presa, che per lui il matrimonio si doveva fare in ogni caso, il passato di Milena era quello che era, ma lei aveva avuto il coraggio di confessare tutto e questo contava più di qualsiasi cosa, era la più bella prova, un gesto che per lui la riscattava completamente, definitivamente.

Per questo dico che mio padre non c'entra niente con l'omicidio, non può entrarci per niente. Sospettare di lui non ha senso, se voleva liberarsi di Milena lo poteva fare allora, il giorno dopo la confessione, bastava dirle di fare le sue valigie e andarsene, tutto lì. Invece l'ha portata sul lago d'Orta, un posto che amava moltissimo, da bambino ci andava ogni estate nella villa di certi loro amici, i Varesio, che poi l'hanno venduta, era una grande villa giallina col prato che arrivava fino all'acqua e all'imbarcadero e alle barche, due a remi e una piccola a vela, un dinghy, e papà...

Sì, giusto, scusatemi, mi scusi anche lei avvocato, ma lì sul lago in albergo ci sono rimasti tre giorni, sono saliti al Sacro Monte, saranno andati all'isola e comunque avranno parlato parlato, immagino, oppure no, niente, in silenzio mentre lui remava, e in conclusione lui al ritorno è venuto da me e mi ha detto che il matrimonio si faceva, tutto a posto, tutto come stabilito. E silenzio assoluto con tutti, naturalmente.

E poi invece al castello c'è stato lo scandalo, tutti hanno saputo. Ma papà non ha fatto una piega neanche lì, cioè ha cominciato a prendere contatti con quegli olandesi, lei lo sa, avvocato, pensava di staccarsi un po' dalla banca e anche questa è una prova, mi sembra, no, che sua moglie contava più di tutto il resto, che se la voleva tenere nonostante quel bandito assassino, nonostante le malelingue e le occhiatine, alla faccia del Whist e del Golf e di tutta Torino, amici e nemici.

E a quel punto lei, dico Beatrice... Ma che cosa dice lei, che cosa vi sta raccontando, si può sapere?

La migliore amica

Dietro consiglio dei miei avvocati, Ida Tornaforti e Guido Cappa-Rovere, mi avvalgo della facoltà di non rispondere.

La carabiniera

A venti passi da dove sedevamo noi, Gilardo e io, una vecchia mendicante se ne stava accucciata con le spalle al muro, un avambraccio grigio, un palmo grigio fuoriusciti senza convinzione dal mucchio di stracci che la ricopriva.

«Però certo che le... stranezze delle donne...» rimuginava Gilardo cogliendo l'attimo in cui i portici di via Cernaia concedevano qualcosa al silenzio.

Non una ruga si muoveva della decrepita faccia, inquadrata dalle ciocche biancastre dei capelli che tre o quattro forcine tenevano più o meno insieme. Accanto a lei dormiva un piccolo cane di pelo chiaro. Davanti a lei una scatola di latta scrostata aspettava le offerte.

«Mi ricordo una volta che mia sorella Clelia, che aveva solo un anno più di me, con quelle treccine...»

Un autobus frenò come se rendesse l'anima al dio degli autobus, un lungo soffio d'agonia. Gilardo alzava a metà il suo bicchiere di aranciata, lo riabbassava.

«Eravamo su a Cavoretto nel giardino di quella villa e io davo una mano a mio padre che stava sistemando le piante di limone davanti a...»

Due motociclette, una dietro l'altra, gli toglievano la parola come due tagliagola, e Gilardo beveva un sorso pensoso, perplesso, senza staccare gli occhi dai miei. Chissà se avevo anch'io le mie stranezze? E come no, caro collega. Gliene potevo fare un elenco infinito, di queste "stranezze" che lui chiamava così per delicatezza. Dispetti quasi impercettibili – intendeva – carognate, perfidie, tortuose vendette.

«Lei però, la mandante» dicevo io, «negherà tutto, dirà che quei due hanno esagerato, dovevano solo darle una lezione, alla ragazza.»

«Sì, per forza» diceva Gilardo, «sarà questa la sua difesa. E quei due lo stesso: già si accusano a vicenda, l'ha strangolata lui! No, è stato lui, io le ho solo dato la botta in testa! Bisognerà vedere coi test ma comunque nessuno dei due può ammettere di aver ricevuto l'ordine preciso di farla fuori, non gli conviene neanche a loro.»

«Una faccenda scappata di mano? Un incidente?»

«Sì, un incidente, dovevano solo darle una bella lezione. Questa sarà la linea.»

«Ma l'idea di rivestirla da puttana?»

«Quella sarà stata di lei, della mandante.» Gilardo beveva a piccoli sorsi, faceva una piccola smorfia. «Un bello scherzo.»

Tutte le auto ferme al vicino semaforo si mettevano in moto nei due sensi e le volte dei portici raccoglievano il frastuono e ce lo facevano scrosciare addosso moltiplicato in un'onda rabbiosa.

«Ma anche la mafia fa scherzi del genere» dicevo io al primo calare del rimbombo, «mette il limone in bocca al traditore, non so, oppure una moneta.»

«Lo faceva» diceva Gilardo «ma ai vecchi tempi.»

«Però la vendetta è sempre...»

«Sì, sì, se c'è da vendicarsi si vendicano, non dico.»

Mi sorrideva con un sorriso quasi di scusa e io capivo benissimo perché: è uno di quegli uomini che hanno in testa un'idea nobile, eroica delle donne e non amano cambiarla nonostante la sorella con le treccine (cosa gli aveva mai fatto?), nonostante le battone, le drogate, le uxoricide, le infanticide e tutte le anime perse che aveva incontrato nella sua carriera. Per lui erano tutte eccezioni, eroine cadute, una per una. E questa bella signora ricca, elegante, anche pittrice, possibile che...?

«La premeditazione comunque c'è» dicevo io malignamente. «Ha organizzato tutto lei nei minimi particolari.»

«Tu dici che l'ha fatta uccidere lei, che ha dato veramente l'ordine lei?»

Io pensavo al modus succedendi mentre guardavo donne non belle non eleganti, che passavano davanti a una macelleria, a una profumeria, a una vetrina di scarpe, si fermavano un momento, calcolavano fulmineamente, riprendevano a camminare decise. Eroine? Vedevo le borse, i vestiti, l'entusiasmo con cui li avevano scelti e comprati, portati per qualche tempo, fino al giorno repentino del rifiuto, no, basta, questo rosso mi ha stufato, questo beige mi esce dagli occhi. E poi la scrollata di spalle, va bene, pazienza, per un po' può ancora andare, in fondo con una cintura che sia alta, bassa, ben tirata, molle sui fianchi...

Al semaforo il rombo del traffico si preparava a ripartire e io pensavo alle mie rabbie personali, alle scene di furore che avevo scatenato, agli urli, ai pianti, alle maledizioni micidiali che erano schizzate dalle mie labbra livide.

«Sì, è stata lei, è lei l'assassina.»

Passavano ragazze in jeans e maglietta, commesse e impiegate nei loro tacchi sonanti, coppie di donne anziane, sorelle conviventi, coi loro sacchetti della spesa, il passetto breve nelle scarpe bitorzolute. Nessuna di loro si fermava a versare qualcosa nella scatola di latta della mendicante.

«Le forcine...» dicevo, ma poi mi fermavo; come far

capire a Gilardo, a un uomo, che erano soprattutto le forcine della vecchia a...?

«Ma cosa c'entrava quella povera diavola, che bisogno aveva di farla uccidere?» diceva Gilardo.

«Ma niente, era per punire lui, per vendicarsi del banchiere, che l'avrà offesa a morte in qualche modo. Il movente ce lo racconterà lui, se vuole, se non decide di fare il gentiluomo torinese.»

«Non è per gelosia, comunque?»

«Ma no. Cioè, sì, anche, ma in un senso più... molto più...»

L'onda arrogante del traffico mi zittiva, il mio incerto lessico si disperdeva tra motori, stridori, appesi a una sirena di ambulanza ormai vicina, preponderante. Un delitto passionale, questo sperava Gilardo. Già, ma quale passione? Amore-odio, facile facile. Ma qui se permetti era odio puro, odio-odio, coltivato in vaso, cresciuto irresistibilmente con tutto il suo minuzioso fogliame, il suo nero fiore finale.

«Ma se è stata lei a trovargli la ragazza, a mettergliela in casa, no?»

«Appunto. L'ha cercata e l'ha trovata, con tutte le conoscenze che ha. Una puttana, voleva. E il Semeraro gliel'ha messa a disposizione. Bellissima. Dolcissima. La moglie ideale. E lui si dev'essere innamorato davvero, amore-amore, l'ha sposata davvero. E a quel punto lei ha organizzato lo scandalo al castello: ragazzi, il banchiere ha sposato una puttana! Tutti lo dovevano sapere e l'hanno saputo, infatti.»

«E non le bastava?»

No che non le bastava. O piuttosto aveva fatto male i suoi calcoli, si aspettava il ripudio, il divorzio immediato, fuori di casa mia sporca mignotta, tornatene in Romania. E invece era amore-amore. Lui se l'era tenuta, la sua dolce Milena. E lei allora...

«Dev'essere come impazzita di rabbia, avrà chiamato Semeraro e gli avrà detto, guardi, mi tolga dai piedi quella lì, la faccia sparire...»

«Insomma, praticamente un ordine» diceva Gilardo. «Abbastanza ben pagato, chissà se i soldi li ha presi dalla banca del banchiere?»

E così si erano presentati: davanti Semeraro, insospettabile, col suo mazzolino di papaveri, e dietro l'altro, lo strangolatore. Avevano pronta un'iniezione, forse eroina per stordirla, e il costume da puttana da metterle addosso. Di domenica pomeriggio il quartiere è sempre deserto, figurarsi, tutti in campagna, in montagna, a giocare a golf da qualche parte. L'hanno caricata in macchina e via chissà dove, aspettando il buio. E poi il fosso.

«Povera figlia» sospirava Gilardo. «Che se magari se ne restava sul marciapiede...»

Mi fissava, mi scrutava, vedeva anche me come un'eroina sia pure non ancora caduta. Ma mi voleva dire che in ogni caso mi avrebbe raccolta, sorretta, rifocillata con un cappuccino, il misericordioso collega.

«Su, torniamo dentro» diceva, e si alzava e lasciava i soldi sul tavolino: «Offro io». Come sempre.

Siamo passati davanti alla vecchia e io ho tirato fuori due euro (no, troppo, uno basta) e quando ho trovato la moneta giusta ci ho di nuovo ripensato (no, due va bene) e due euro ho lasciato cadere nella scatola di latta dov'erano sparsi pochi spiccioli. Ho fatto qualche passo con Gilardo e sono tornata indietro. Di lì sotto la testa con le forcine si è appena piegata rivolta a me. Gli occhi erano limpidissimi, forse malati, forse soltanto belli, ma senza nessuna espressione.

«Scusi, posso guardare una cosa un momento?»

La vecchia non si è mossa, non ha difeso il suo meschino tesoro, il cagnolino ha avuto un piccolo brivido nel sonno. In fondo alla scatola c'era tra i centesimi un'immaginetta sacra unta e sbiadita: santo con accanto un porcello. L'ho tirata su: sant'Antonio abate protettore degli animali da cortile.

«Ma cosa fai?» diceva arrivando Gilardo. «Cosa controlli?»

«Niente» dicevo io. «Volevo solo sapere una cosa.»

La barista

I riscontri, i riscontri, ma che barba questi tuoi riscontri! Ho capito, li beccate, loro confessano e poi voialtri dovete controllare se è vero o se vi hanno contato delle balle, ma insomma tutti questi riscontri mica li devi fare tu, mica li deve fare il carabiniere scelto Pocopane Attilio che se non toglie immediatamente la mano da lì sotto, no, ho detto nooo, adesso lasciamo perdere un momento e parliamo senza riscontri, chiaro? Che con te sono già tre ore buone che mi riscontri e sono anche stanca, va bene? Fuma piuttosto, che io in quel senso sono di larghe vedute.

Dunque lui, questo albanese, questo famoso Janko, l'avete beccato vicino a Como in casa di un'amica, che adesso è dentro anche lei e magari non c'entra niente, sono sempre le donne che ci vanno di mezzo alla fine. Per amore, al solito. E gli avete trovato in tasca i duecentomila euro, che glieli aveva dati questo Semeraro, dice lui. E così siete andati a riscontrare il Semeraro e state torchiando anche il Semeraro e il suo presunto alibi alla bocciofila di Biella, che secondo voi non vale un preservativo bucato... in quanto? ma perché dici "in quanto", scusa? Ma voi parlate così, vi insegnano a parlare così? Ah, sarebbe il linguaggio della legge? Scusi tanto vostro onore ma a casa mia, nel mio letto se vogliamo precisare, puoi anche dire semplicemente "perché", io mi accontenterei di sapere "perché" quel preservativo è bucato, no?

Cosa m'interessa tanto? Ma sei scemo? Ma se sono io che ho trovato il cadavere, sono io che l'ho visto per prima in quel fosso e se non era per me tu adesso non saresti neanche qua, saresti in caserma a giocare a Monopoli o con qualche nigeriana col culo a zucca gigante, mio bel soldatino, che è vivamente pregato di togliere la mano di lì, sennò perdo la pazienza.

Allora: niente alibi per Semeraro, che a Biella c'è andato davvero e si è fatto anche vedere al bar, dal benzinaio e al torneo di bocce, ma per pochi minuti, dalle alle, e poi di corsa a Torino. E quel giorno non c'era il mercato all'aperto e quindi il vestito di Armani che lui ha regalato alla sua troietta non l'ha comprato lì, era il vestito della morta, ma tu pensa che razza di regalo, ma bisogna essere dei morbosi oltre che deficienti, bisogna essere dei disturbati gravi per avere un'idea così, tu pensa solo lo sgiai, mi viene la pelle d'oca solo a...

Lascia stare la mia pelle, va bene? Era solo così per dire e comunque non farti illusioni, se la donna non vuole non c'è coccola che tenga, questa storia dei preliminari è tutta una egregia stronzata, funziona solo se lei è d'accordo, capito? Nessuno di voi ha il tocco magico, poveri maneggioni e in questo preciso momento... no, dai, lascia perdere, parliamo... ti dico di piantarla sennò mi alzo e vado di là dal mio Nerino che stasera l'ho un po' trascurato, povero coniglietto...

Bravo, cerca di farmi la ricostruzione seriamente, Scotland Yard. Che insomma Semeraro incontra a un autogrill l'assassino, lo carica su... No, è l'altro che lo carica sulla sua... cos'aveva... un macchinone, una Bmw dell'87, insomma un catorcione, e Semeraro si presenta alla villa col mazzetto di papaveri e lei apre, e dietro Semeraro s'infila l'albanese che le dà una botta in testa (dice Semeraro, ma l'altro dice che la botta gliel'ha inferta Semeraro) e poi la spogliano e la rivestono da puttana e la caricano sull'auto e lì sul sedile posteriore l'assassino la strangola con le mani in mezzo minuto, è uno specialista, ma Semeraro dice che non doveva, ha esagerato, dovevano solo darle una lezione e lasciarla in un fosso mezza morta ma non morta. Questi erano i patti con la gran dama, era lei che sganciava il premio. Una piccola vendetta, una piccola lezione, e invece il bestione l'ha fatta fuori coi pollici, ha perso la testa, si è incazzato perché lei si ribellava, premi e premi su quel collo e alla fine se la sono trovata lì stecchita e a quel punto giù nel fosso e fugone.

L'assassino dalla sua amica a Como e Semeraro tranquillo al Centro di Vercelli e la gran dama nella merda anche lei, complicità in omicidio, istigazione all'omicidio e quant'altro. Vent'anni almeno non glieli leva nessuno, anche con tutti i suoi avvocati. Magari l'ergastolo, no? Per me comunque è lei la strega, la vipera, la carognissima colpevole vera. Per gelosia, per ripicca, dimmi te. Ma secondo te, Scotland Yard, ci sono donne capaci di combinare una cosa del genere? Una matta, io dico. Sarà anche in grado di intendere e di volere ma per mettere su un casino del genere devi avere un qualche verme, un'intera famiglia di boje nella testa. Io a te, per dire, ti potrei magari spaccare la testa per gelosia con un martello, ma lo farei in prima persona, senza stare a chiedere il favore a questo e a quello. Vuoi mettere il piacere di massacrare questo bel testone a mattonate, a sprangate, se una è veramente incazzata?

Io sono fatta così, Scotland Yard, e poi non dire che non ti avevo avvertito. Se caso mai un domani scopro che tu... ehi, no, ma stai, dico, ah... come ti... chi ti ha dato il... ah... e senza uno straccio di mandato... ah, no, ti prego... in quanto... io... io...

La bidella

Ma no, ma cosa dice, ma questo... Leggi un po' di nuovo... "Rinvenuta, come si ricorderà, da un casuale testimone, guardiano di un vicino stabilimento..."? Ma quale guardiano, quale stabilimento, ma siamo matti? Ma tu guarda questi qua che incredibile... E sarebbe scrupolosità, questa, Cesare? Sarebbe professionalità? Ma io gli scrivo, io gli mando una bella smentita a questi professionisti dell'informazione, io gli voglio puntualizzare che il loro casuale testimone è la sottoscritta Covino Angela, bidella presso la scuola G. Delessert, recatasi di buon mattino in detto prato allo scopo di raccogliere innocentemente a scopo culinario, come da consuetudine annuale e ad uso strettamente personale per il coniuge pensionato Fiat...

E l'ho capito che tu non vuoi figurare, e difatti il nome mica mi sogno di metterlo, sta' tranquillo, ma i fatti sono i fatti e se io ho un marito e questi disgraziati di giornalisti vogliono fare il loro mestiere seriamente hanno il preciso obbligo di menzionare il coniuge, invece di star dietro alla prima miss Coniglio che gli fa ballare davanti le tette, ho ragione o no?

Bene, e con questo siamo al terzo lavaggio, c'è più terra che foglie in questa insalata, con la scusa del prodotto ecologico ti fanno pagare la terra ecologica allo stesso prezzo, roba da denunciarli, ma insomma pazienza, piuttosto che tornare in quel fosso meglio il banchetto del mercato, che è anche più vicino, diciamo pure, e intanto tu ciclista pedala un po' con quel giornale, sentiamo un po' cosa raccontano ancora i grandi professionisti del condizionale, perché quelli lì oltre a sbagliarsi alla grande circa la sottoscritta, vanno avanti solo col sarebbe, non sarebbe, viva la privacy.

Sicché allora, la povera morta, gli avrebbe detto la verità al banchiere, prima di sposarlo, e lui per premio l'avrebbe sposata lo stesso con quella favolosa festa al castello. E sul più bello sarebbe arrivato questo Janko, questo assassino che era già prima il suo padrone sfruttatore e che se la vuole riprendere, dice che è roba sua e cerca di trascinarla via. Ma per fortuna c'è lì questo Semeraro, un amico della giovane donna...

Sedicente amico? Perché sedicente? In quanto due ore prima, una testimone, una volontaria o suora laica di nome L.B., aggregata al Centro di recupero di Vercelli avrebbe visto i due, Semeraro e Janko, confabulare in modo sospetto in località Munia Quacia, nei pressi dell'Abbazia di Vezzolano... Ma era lei la munia quacia! Si sarà accovacciata dietro un cespuglio per un bisogno naturale che gli scappava, la monaca, e li avrà visti da lì! E se lei non lo ammette te lo dico io! È così che dev'essere andata, privacy o non privacy!

E così poi i due avrebbero fatto tutta la scena della bottiglia, per sputtanare la puttana e mettere in piazza la faccenda e mortificare il banchiere, che avrebbe in precedenza avuto una relazione sentimentale (chiamala sentimentale!) con quell'altra, con quella sedicente amica Beatrice del... Pettine o della Spazzola, ma poi non l'aveva voluta sposare e lei allora gli fa sposare la puttana, prendi e porta a casa, la vendetta della gran dama che dopo la farebbe anche ammazzare, classico omicidio su commissione, dalla rabbia che lui s'era tenuto la ragazza, puttana o non puttana, contento lui.

Mah! Sarà, non sarà. Dice che ci sarebbero le prime ammissioni, che gli avrebbero trovato i contanti in tasca a tutti e due. Trecento e trecento?

Ancora un buon prezzo, sempre che sia vero. Perché a me questi giornalisti dico e ripeto che non mi convincono, lo prova il mio caso di totale disinformazione, e se tanto mi dà tanto io non mi sento di escludere niente, quel banchiere per dire potrebbe essere al centro di un complotto finanziario internazionale, va' a sapere, magari i cinesi o i russi gli avrebbero ammazzato la moglie come avvertimento o perché lui non aveva accettato certe loro condizioni, o puramente la figlia che voleva liberarsi della giovane matrigna, o perfino tutto quel Centro di Vercelli che sotto sotto era una centrale del traffico di schiave bianche e nere e altre cosette, e il mandante era il prete o qualcuno anche molto più in su, che non sapremo mai, tanto per cambiare.

Tu dici che però intanto a lui gli resta sempre la banca?

Sì, bravo il materialista, vola pure basso, e già che ci sei, se non è troppo disturbo, allungami gentilmente l'insalatiera che qui è pronto, le uova sono fredde e i tuoi girasoli belli puliti e scolati e te li puoi condire tu come ti pare. Ma se posso esprimere un pensiero mio personale di semplice donna mi limito a dire: che cosa te ne fai di una banca se hai perduto l'amore?

FINE

Roccamare, 1° gennaio 2006

Indice

«Donne informate sui fatti»
di Carlo Fruttero
Grandi Bestsellers
Arnoldo Mondadori Editore

Questo volume è stato stampato
presso Mondadori Printing S.p.A.
Stabilimento NSM - Cles (TN)
Stampato in Italia. Printed in Italy